Andrea Sokol

Clean FOOD

Andrea Sokol

Clean FOOD

Pur essen – ausgewogen genießen – gesund leben

Von der erfolgreichen Youtuberin OH LALA & SO LALA

riva

Bibliografische Information der Deutschen Nationalbibliothek
Die Deutsche Nationalbibliothek verzeichnet diese Publikation in der Deutschen Nationalbibliografie.
Detaillierte bibliografische Daten sind im Internet über http://dnb.d-nb.de abrufbar.

Für Fragen und Anregungen
info@rivaverlag.de

Originalausgabe
1. Auflage 2023

Türkenstraße 89
80799 München
Tel.: 089 651285-0
Fax: 089 652096

Redaktion: Sarah Holzwarth
Umschlaggestaltung: Sonja Vallant
Umschlagabbildung: Cover Martin Nink, Rückseite Stephanie Just
Satz: inpunkt[w]o, Haiger (www.inpunktwo.de)
Druck: Firmengruppe APPL, aprinta Druck, Wemding
Printed in Germany

ISBN Print 978-3-7423-2259-3
ISBN E-Book (PDF) 978-3-7453-2050-3
ISBN E-Book (EPUB, Mobi) 978-3-7453-2051-0

Wir produzieren nachhaltig
www.m-vg.de

Weitere Informationen zum Verlag finden Sie unter
www.rivaverlag.de
Beachten Sie auch unsere weiteren Verlage unter www.m-vg.de

INHALT

VORWORT

Liebe Leser*innen,

mit diesem Buch möchte ich Ihnen viele Inspirationen geben, Essen neu zu entdecken. Was bedeutet *Clean Food*, also sauberes Essen? Warum ist diese Ernährungsform so wichtig und warum wird sie in den nächsten Jahren immer bedeutender werden? Wenn wir erst einmal wissen, wie unsere Nahrungsmittel heute produziert werden und was sie beinhalten, wird das schnell klar.

Was ist in unserem Essen enthalten? Was machen die vielen Zusatzstoffe in unserer Nahrung mit uns? All das werde ich Ihnen als Ernährungsberaterin und Köchin ganz genau erklären.

Ich habe das Gefühl, unsere Nahrungsmittel machen uns nicht satt, sondern immer hungriger. Wie kann das sein? Es ist Zeit, unsere Nahrungsmittel auf Echtheit zu überprüfen. Lebensmittel sollten uns Nährstoffe und Energie liefern, damit wir lange gesund und kräftig bleiben. Stattdessen bekommen wir ständig Speisen aufgetischt, die mit Zusatzstoffen überladen sind und uns eher Energie und Kraft rauben, als uns dauerhaft fit zu machen. Worauf sollten wir also achten, um uns wirklich gut zu ernähren? Wie können wir Lebensmittel selber zubereiten, damit sie uns mit Nährstoffen versorgen, die unser Körper erkennen und in Leben umsetzen kann?

Dieses Buch ist ein Wegweiser, sich im Überangebot von Nahrungsmitteln zurechtzufinden. Was ernährt uns wirklich und was macht uns nur kurzzeitig satt? Hier kommt Clean Eating ins Spiel. Dabei geht es um reines, echtes Essen, frei von künstlichen Zusätzen und Giftstoffen, ohne Auszugsmehle und Industriezucker. Alles frisch und selbst zubereitet, das ist Powerfood, das uns gesund macht und fit hält.

Ich habe eine Vielzahl an Informationen und Rezepten zusammengetragen, damit wieder mehr Schwung und Freude in unsere Küchen, auf unsere Teller und in unser Leben kommt. Eine moderne, gut durchdachte, saubere und sehr einfache Ernährung hat nicht nur viele positive Auswirkungen auf uns und unser persönliches Wohlbefinden, sondern auch auf unsere Umwelt. Es ist Zeit, andere Wege zu gehen und uns neu zu orientieren, denn so, wie es jetzt gerade in puncto Ernährung in unserer Gesellschaft läuft, sollte es nicht weitergehen. Ich glaube, dass es in unserer heutigen Zeit sehr wichtig ist, unsere Art der Nahrungszufuhr zu ändern. Zum einen aus ökonomischer und ökologischer Sicht, aber auch aus ganz egoistischem Anlass. Unser Körper ist so perfekt konstruiert, dass er alles aus der Nahrung bekommt, was er braucht, aber eben nur, wenn wir ihm das Richtige anbieten. Genau das ist mein Ansatz. Zur Zellregeneration und Zellerneuerung, um unseren Stoffwechsel optimal einzustellen und um unseren Hormonhaushalt im Gleichgewicht zu halten, bedarf es verschiedener Nährstoffe. Diese sind Kohlenhydrate, Eiweiße, Aminosäuren, Fette, Vitamine, Mineralstoffe und Ballaststoffe – und zwar in den richtigen Mengen, einer guten Qualität und in ausgewogenen Kombinationen.

Im Rezeptteil finden Sie wieder meine persönlichen Favoriten. Es wird frisch, wild und sehr gesund – es ist eine neue, abwechslungsreiche, ausgewogene, pflanzliche Ernährungsweise.

Probieren Sie es aus,

Ihre Andrea Sokol

WAS ESSEN WIR HEUTE?

Ach, was geht es uns gut! Wir haben noch nie so viel Fleisch, Käse, Milch, Wurst, Backwaren, Fast- und Convenience Food gegessen wie heute. Das hat massive Auswirkungen auf unsere persönliche Gesundheit und unsere Umwelt. Nun könnte man sagen, das gehört zu unserer Wohlstandsgesellschaft und wir haben es uns verdient. Aber geht es uns damit wirklich gut oder besser als zu anderen Zeiten? Ich wage das zu bezweifeln. Haben unsere Nahrungsmittel heute noch dieselbe Qualität, die sie vor zum Beispiel 30 Jahren hatten? Was hat sich geändert und warum? Wie soll es weitergehen? Was können wir persönlich tun? Und was ist dran an den neuesten Empfehlungen, dass eine rein pflanzliche Ernährung tatsächlich die gesündere für uns ist? Bedeutet sie für uns – wie so oft behauptet – Verzicht und führt sie – wie in der Vergangenheit häufig dargestellt – zu einer Mangelversorgung unseres Körpers?

Ich möchte Ihnen bereits an dieser Stelle sagen: Niemand wird bei einer überwiegend pflanzlichen Ernährung auf irgendetwas verzichten müssen und niemandem wird irgendetwas weggenommen. Im Gegenteil, wir bekommen sogar ganz viel dafür, nämlich eine bessere Gesundheit, mehr Energie und ein größeres Wohlbefinden. Es ist eine Win-win-Situation für uns und unsere Umwelt! Sie glauben mir nicht? Na, dann mal los, ich zeige Ihnen, wie es geht.

WIE LÄSST SICH UNSERE ERNÄHRUNG VERÄNDERN?

Ich möchte Ihnen einen Wegweiser zu einer modernen, gesunden, sauberen und ausgewogenen, vor allen Dingen aber einer abwechslungsreicheren Ernährung geben. Wirklich wichtig ist, dass wir so wenig industrielle, vorgefertigte und verarbeitete Nahrungsmittel wie möglich zu uns nehmen. Wir brauchen mehr frische und selbst zubereitete Speisen auf unserem Tisch. Das ist ganz einfach! Einfach ist in diesem Zusammenhang das Schlüsselwort: einfach kochen und einfach essen. Mein Motto lautet: Keep it simple! Viele Dinge auf unserem Speiseplan brauchen wir eigentlich gar nicht und könnten sie weglassen oder ersetzen. Diese Vorgehensweise heißt »Clean Food – sauberes Essen« Ja, heute soll alles schnell gehen. Keiner hat mehr Zeit zum Einkaufen oder gar Kochen. Dabei ist es nur anfangs etwas ungewohnt und deshalb zeitaufwendiger, das Einkaufs- und Ernährungsverhalten umzustellen. Nach einer Weile, wenn Sie merken, wie gut es Ihnen damit geht, sparen Sie die Zeit wieder ein.

Haben Sie keine Sorge, meine Rezepte sind einfach und schnell zuzubereiten. Spaß am Essen, Einkaufen und Kochen – all das werden Sie mit dieser Ernährungsweise bekommen. Wir werden Nahrungsmittel und ihre Notwendigkeiten hinterfragen, aber auch ihren Nutzen für unsere Gesundheit in unserer heutigen Wohlstandsgesellschaft prüfen. Was sollte heutzutage auf unserem Teller landen und was eher nicht? Im Vergleich werden wir Lebensmittelempfehlungen und Ernährungspyramiden von 1970 bis 2019 betrachten. Sind unser Getreide und die daraus entstehenden Backwaren, unser Fleisch und unsere Milchprodukte noch so wie vor 40 oder 50 Jahren? Wenn wir bedenken, wie sich unsere Landwirtschaft, Tierhaltung und Nahrungsmittelproduktion im letzten halben Jahrhundert verändert haben, ist das eine berechtigte Frage. Deshalb sollten wir unseren Ernährungsplan überdenken und eventuell neu gestalten. Alles in unserem Lifestyle, ob Mode, Beauty oder Technik, ändert sich stetig und es entstehen häufig neue Trends. Ich bin kein Freund von Foodtrends, sie sind meist zu extrem, zu einseitig und deswegen oft nur kurzlebig, was viele Konsument*innen verunsichert und demotiviert – der berüchtigte Teufelskreis eben. Es gibt ständig neue bahnbrechende Ernährungsstudien, Expertenmeinungen und Ratgeber. Mal ist Kaffee gesund, mal ist er ungesund. Die einen Expert*innen schwören auf Low

Carb, die anderen auf High Carb, die nächsten propagieren Eiweiß usw. Die meisten Studien, die diesen Trends zugrunde liegen, brauchen wir gar nicht.

Denn unser klarer Menschenverstand sollte mehr zählen als eine Studie. Mit dem Wissen darüber, wie unser Körper funktioniert und was er braucht, um Mikro- und Makronährstoffe optimal aufzunehmen, können wir uns viele Fragen selbst beantworten. Also lassen Sie uns doch einmal zusammen darüber nachdenken, was wir brauchen, was wir wollen und was uns guttut. Wenn man erst einmal im Thema ist, ist es gar nicht mehr so schwer, Antworten zu finden. Deshalb möchte ich Ihnen in diesem Buch viele Inspirationen geben, um mit neuer Lust und voller Schwung Ihren Ernährungsplan sinnvoll und geschmacklich neu zu gestalten.

Wir leben in einer dynamischen Zeit mit vielen Neuerungen. Unsere Lebensart und auch die Anforderungen an uns, unseren Körper und unsere Leistungsfähigkeit werden ständig auf einen neuen Prüfstand gestellt. Wir müssen fit und belastbar bleiben – und zwar physisch wie psychisch. Es ist mittlerweile bestätigt, dass die körperliche Gesundheit eng mit unserer seelischen zusammenhängt. Um unserer Gesellschaft standhalten zu können, brauchen wir Kraft, Schwung und psychische Stabilität. Durch eine ausgewogene, nährstoffreiche Ernährung können wir dies erlangen.

Haben Sie also keine Angst vor Veränderungen, es lohnt sich! An viele Innovationen wie z. B. Kommunikation oder Fortbewegung passen wir uns an und lernen schnell. Erinnern Sie sich noch, wie wir vor 30 oder 40 Jahren telefoniert haben oder Auto gefahren sind? Es hat sich alles komplett verändert. Aber mit der Umstellung unserer Ernährungsweise tun wir uns schwerer. Hier fehlt uns oft der Antrieb, was erstaunlich ist, schließlich geht es um unseren Körper, unsere Leistungsfähigkeit und unser Wohlbefinden. Wenn es so, wie es jetzt gerade läuft, funktionieren würde, würden wir nicht immer übergewichtiger, kränker und depressiver werden. Dabei haben wir alles, was wir brauchen, zur Verfügung. Nun ist die Skepsis gegenüber einer überwiegend pflanzlichen Ernährung groß. Es wird immer wieder berichtet, wie wir dadurch einen Nährstoffmangel erleiden können. Als ganzheitlich zertifizierte Ernährungsberaterin kann ich nur berichten, dass das nicht stimmt. Ich selber ernähre mich seit neun Jahren rein pflanzlich und erfreue mich bester Gesundheit. Mein sagenhaftes Blutbild mit Vitamin B_{12}, Eisen, Jod und Vitamin D zeige ich Ihnen später. Ich möchte niemanden überreden, sondern nur neue Möglichkeiten und Perspektiven aufzeigen.

Sollten Sie mit Ihrem Gewicht, Ihrer Haut, Ihrem Schlaf, Ihrem Stoffwechsel, Ihrer Verdauung, Ihrer Energie sowie Ihrem Antrieb zufrieden sein und nicht unter Gemütsschwankungen leiden, besteht keine Notwendigkeit, etwas zu ändern. Falls das aber nicht so ist, ist es einen Versuch wert! Sie selbst werden die Unterschiede zuerst bemerken, und das ist die größte Motivation. Es muss auch nicht gleich alles auf einmal geändert werden, Schritt für Schritt ist es am besten und hat auf lange Sicht die größten Erfolgschancen.

BIO SOLLTE STANDARD SEIN!

Es ist ja wirklich angenehm, dass wir biologisch erzeugte Nahrungsmittel kaufen können. Heutzutage müssen wir für Bio dankbar sein. Aber jetzt mal ehrlich, müssten biologische Erzeugnisse nicht eigentlich Standard sein? Für Mensch, Tier und unsere Umwelt? Bio – lo – gisch – auf meine Berliner Art würde ich das mal so übersetzen BIO – na LOGISCH! Das Wort »bio« kommt aus dem Griechischen und bedeutet »Leben«. Ist also alles, was nicht mit bio gekennzeichnet ist, »anti-bio« also »gegen das Leben« Wenn »bio« für das Leben steht, müssten unsere Nahrungsmittel dann nicht per se alle in Bio-Qualität sein, da wir sie brauchen, um zu überleben? Wie konnte es so weit kommen, dass unsere Nahrungsmittel nicht mehr von Natur aus »bio« sind, sondern wir dies als besondere, aufwertende Eigenschaft eines Nahrungsmittels betrachten? Der Großteil unserer Lebensmittel besteht mittlerweile aus industriell gefertigten Zutaten, aus reiner Chemie. Als Bio-Lebensmittel werden hingegen Lebensmittel aus der ökologischen Landwirtschaft bezeichnet. Sie sind nicht ionisierend bestrahlt und enthalten weniger Lebensmittelzusatzstoffe als konventionelle Lebensmittel, dürfen aber bis zu 5 % nicht ökologisch erzeugte Zutaten enthalten.

Meiner Meinung nach ist die Art und Weise, wie wir unsere Lebensmittel heutzutage produzieren, präparieren und konservieren total aus dem Ruder gelaufen. Damit meine ich gleichermaßen die konventionelle Landwirtschaft, die Tierhaltung und die industrielle Nahrungsmittelproduktion. Um unseren Nahrungsmitteln einen stets saftigen, knackigen und frischen Look zu verschaffen, werden sie mit unendlich vielen chemisch aufbereiteten Zusatzstoffen bearbeitet. Auf Zusatzstoffe und deren Verwendungszweck gehe ich im Weiteren gesondert ein, genauso wie auf Fast- und Convenience Food und was diese mit uns machen.

WIR KAUFEN GERNE »OHNE«

Da wir schon längst wissen, aber nicht wahrhaben wollen, was mittlerweile alles in unseren Nahrungsmitteln steckt, kaufen wir sehr gerne Produkte mit der Aufschrift »ohne«:

- ohne Zucker
- ohne Gluten
- ohne Gentechnik
- ohne Geschmacksverstärker
- ohne künstliche Aromen
- ohne künstliche Farbstoffe
- ohne Fett
- ohne Kohlenhydrate
- ohne Konservierungsmittel

Eigentlich sollte das alles selbstverständlich sein! Das beruhigt uns und gibt uns ein Stück Lebensqualität, schließlich haben wir uns für das richtige Produkt entschieden. Aber lenkt die Aufschrift »ohne« nicht vielleicht nur von den weiteren Inhalts- und Zusatzstoffen ab?

WAS SOLLEN WIR DENN NUN EINKAUFEN?

Wir haben Zugang zu Nahrungsmitteln im absoluten Überfluss. Der Zugriff auf Lebensmittel wird allerdings immer schwieriger. Aber wo liegt der Unterschied zwischen Lebens- und Nahrungsmitteln? Grob gesagt, sind Lebensmittel, wie der Begriff es schon sagt, »lebendige Nahrung«. Sie haben noch einen Stoffwechsel. Sie sind »lebendig«, beinhalten Vitalstoffe und können noch sprossen und keimen. Sie enthalten die für uns so wichtigen Stoffe wie Vitamine: z. B. Vitamin C, alle B-Vitamine, aber auch die fettlöslichen Vitamine A, D, E und K. Außerdem enthalten sie Enzyme, Spurenelemente, Mineral-, Aroma- und Faserstoffe sowie ungesättigte Fettsäuren. Alle diese Vitalstoffe haben ganz spezifische Aufgaben. Mangelt es nur an einem dieser Nährstoffe, kann das schon zu Stoffwechselstörungen führen, auf die ich später noch näher eingehe. Vitalstoffe sind für unsere Gesundheit und Vitalität elementar wichtig.

Nahrungsmittel wiederum sind keine »lebendige Nahrung« mehr. Sie sind durch Verarbeitungsprozesse wie z. B. das Erhitzen und Konservieren zur längeren Haltbarkeit »unlebendig« gemacht worden. Durch diesen Vorgang verlieren die eigentlichen Lebensmittel an Nährstoffqualität und erleiden einen enormen Wertverlust für unsere Ernährung. Nahrungsmittel haben keinen eigenen Stoffwechsel mehr.

Nahrungsmittel halten uns am Leben, Lebensmittel halten uns lebendig!

Von diesem Unterschied zu wissen ist sehr wichtig, damit wir unseren Ernährungsplan dementsprechend gestalten können. Man könnte sagen, dass wir durch die Menge an Essen überfüttert sind, aber durch die schlechte Qualität des Essens, welches wir uns zuführen, unzureichend mit Nährstoffen versorgt sind. Hier wäre es sehr zu empfehlen, wieder ein ausgewogenes Gleichgewicht auf den Teller zu bekommen. Und das geht ganz einfach durch selber kochen – simpel, frisch und hausgemacht! Trotz eines Überangebots an Nahrungsmitteln und unzähliger Foodtrends sind wir mit einer einfachen, ausgewogenen und gesunden Ernährung überfordert. Wir sind verloren in einem Dschungel von Angeboten wie nie zuvor.

Fakt ist: Wir werden durch die Art und Weise unserer heutigen Ernährung nicht gesünder. Die sogenannten »Wohlstandskrankheiten« überrollen uns. Passivität und Bequemlichkeit spielen hier eine große Rolle. Das daraus resultierende Übergewicht oder Adipositas sind oft nur der Anfang. Was folgt sind Diabetes Typ 2, Erkrankungen des Herzens und der Herzkranzgefäße, Fettleber, Fettstoffwechselstörungen, Darmerkrankungen, Allergien, Nierenschäden, rheumatische Leiden bis hin zu Krebserkrankungen. Viele von uns sind sich der Dramatik um die rasche Zunahme dieser Erkrankungen bewusst. Doch darüber, dass die Hauptursache unserer heutigen Zivilisationskrankheiten in einer falschen Ernährung liegt, redet man immer noch hinter vorgehaltener Hand – obwohl man sogar nachweisen konnte, dass eine Vielzahl psychischer Störungen und Leiden bis hin zu Depressionen im Zusammenhang mit einer falschen Ernährungsweise stehen.

WAS SIND VOLKS-KRANKHEITEN?

Das sind Erkrankungen, von denen eine große Zahl von Menschen betroffen ist, es sind also Krankheiten, die besonders häufig auftreten. Und auch hier sehen wir wieder, wie sich Situationen und Umstände im Laufe der Zeit ändern. In der Zeit vor der großen Industrialisierung zählten hauptsächlich Erkrankungen, die durch Mangelernährung, z.B. verursacht durch Hungersnöte, entstanden sind, zu den Volkskrankheiten. Aufgrund dessen kam es zu einer Schwächung des Immunsystems. Hinzu kam fehlende Hygiene. Aufgrund des geschwächten Immunsystems starben die Menschen meist an Infektionskrankheiten. Diese Erkrankungen haben wir heute zumindest größtenteils im Griff. Traurigerweise spielen sie aber in Ländern der Dritten Welt immer noch eine große Rolle

WAS SIND ZIVILISATIONS-KRANKHEITEN?

Das sind Erkrankungen, die von Lebensverhältnissen, Verhaltensweisen und Umweltfaktoren abhängen können. Beispiele sind Karies, Allergien, Essstörungen, Hauterkrankungen und auch spezielle Krebsarten wie Lungen- oder Darmkrebs. Der Sachverständigenrat zur Begutachtung der Entwicklung im Gesundheitswesen ist ein renommiertes Gremium wissenschaftlicher Politikberatung im deutschen Gesundheitswesen und publiziert Gutachten mit Analysen und Reformvorschlägen. In einem seiner Gutachten wurde darauf hingewiesen, dass die Medizin heutzutage nur noch einen begrenzten Einfluss auf die Bevölkerungsgesundheit hat, da die Hauptfaktoren, die unsere heutigen Zivilisationskrankheiten verursachen, auch durch die beste medizinische Versorgung nicht beseitigt werden können.

Die Hauptfaktoren sind:

- anhaltender Dauerstress
- ungesunde Ernährungsweise
- Bewegungsmangel
- Rauchen
- Alkohol

FAST FOOD, CONVENIENCE FOOD UND ZUSATZSTOFFE

Am 4. Dezember 1971 öffnete das erste deutsche McDonalds-Restaurant in München seine Türen, und in den letzten 38 Jahren kamen satte 1.470 weitere dazu. Aber nicht nur das: Seit 1976 gesellten sich noch hunderte Burger King-, Kentucky Fried Chicken-, Pizza Hut-, Subway- und diverse andere Fast-Food-Filialen hinzu, die stets fast rund um die Uhr zu unserer Verfügung stehen. Burger, Pommes, Pizza oder Currywurst – wer kann da schon widerstehen?

Ja, es ist schon wirklich bedauerlich, dass diese Gerichte so ungesund sind. Ich möchte aber kurz betonen, dass es kein Weltuntergang ist, wenn man der Versuchung ab und zu mal nicht widerstehen kann. Schwierig wird es erst dann, wenn diese Ernährungsweise überhandnimmt und zum Alltag wird. Unglücklicherweise fällt es gerade den Menschen, die häufig Fast Food zu sich nehmen, besonders schwer, sich geschmacklich wieder auf eine gesündere Ernährungsweise umzustellen, denn unsere Geschmacksknospen werden sehr schnell auf diese Aromen gedrillt und programmiert. Aber keine Angst, es ist möglich, dieser Prägung des Geschmacksempfindens gegenzusteuern. Es ist allerdings wie ein »kleiner Entzug«. Für Kinder ist das meistens besonders schwierig, denn ihr Geschmacksempfinden wird von klein auf geprägt und oft verdorben, da das Gehirn lernt, dass gutes Essen wie Fast Food schmeckt. Natürliche Speisen erscheinen den Kindern dann oft als ungenießbar.

Ich habe die Jahreszahlen der ersten Fast-Food-Restaurants erwähnt, weil ich mich erinnern wollte, wann ich das erste Mal dort gegessen habe. Es war Anfang der Achtziger, ich war ungefähr 15 Jahre alt und fand es selbstverständlich toll. Unsere Kinder hingegen kommen heute schon viel früher mit Fast Food an jeder Ecke in Kontakt und sind dementsprechend »infiziert«. Wir sollten wirklich etwas ändern, gerade, wenn wir uns noch mal vor Augen führen, dass jedes siebte Kind in Deutschland zu dick oder sogar fettleibig ist. In der Kindheit wird ganz klar das Fundament für Übergewicht gelegt. Bei den Erwachsenen in Deutschland ist mehr als die Hälfte übergewichtig und ein Viertel davon sogar krankhaft übergewichtig, also adipös.

Wer mich kennt, weiß, dass ich kein Moralapostel bin. Es geht hier nicht um ein Schönheitsideal, ob der Pullover locker sitzt und auch die Hose ja nicht zwickt. Jeder soll sich so schön finden, wie er mag. Mir geht es vielmehr um die langfristigen, gesundheitlichen Konsequenzen und Spätfolgen, die mit unserem heutigen Lebensstil verbunden sind.

Fast Food hört sich eigentlich nach einer guten Idee an. Zeitsparend und fast immer im Super-Sonderangebot! Es hat unsere Art der Ernährung und auch uns total verändert! Der Anglizismus »Fast Food« bedeutet »schnelle Nahrung«. Entwickelt wurde dieser Trend, um Speisen in kürzester Zeit auf den Tisch zu bringen.

Es ist für die massenbetriebliche und standardisierte Gastronomie ein ablaufsicheres Geschäft. Bei der Nahrungszubereitung und Darreichungsform steht bei diesem System die Rationalität und Funktionalität im Vordergrund. Auf eine traditionelle Esskultur wird hier weitgehend verzichtet. Die Zeitspanne zwischen Bestellung, Zahlungsabwicklung, Fertigstellung des Produkts und der Übergabe an die Kund*innen beträgt meist weniger als zehn Minuten. Fast Food begegnet uns aber nicht nur in den genannten großen Schnellrestaurants, sondern ist mittlerweile in vielen kleinen Cafés, Bars, Restaurants und Bäckereien allgegenwärtig. Hier wird dadurch viel Arbeits- und Vorbereitungszeit eingespart. Es wird immer schwerer, den Verlockungen zu widerstehen. Zusätzlich wird uns mittels Werbekampagnen mit Fotos und Slogans gerne das Gefühl vermittelt, das alles frisch, saftig und hausgemacht zubereitet wurde.

ABER WAS MACHT FAST FOOD MIT UNS?

Wer sich negativ über diese Art der Speisenform äußert, bezeichnet sie auch als Junkfood. Sie enthält fast keine Ballast- und Nährstoffe. Die Scheibe Tomate, das Salatblatt und das Stück Gurke reichen nicht annähernd aus, um unseren täglichen Bedarf an Vitaminen und Mineralstoffen zu decken. Zudem ist der Name Fast Food in zweierlei Hinsicht Programm: Dieses Essen ist nicht nur sehr schnell verfügbar, sondern wird auch schnell verzehrt. Denn wir müssen nicht viel kauen, und da wir meistens auch noch ohne Messer und Gabel mampfen, ist alles in Windeseile verspeist. Klar, es soll ja schnell gehen, aber bei diesem Tempo kommt unser Gehirn gar nicht hinterher. Es braucht etwa 20 Minuten, um das Signal zu empfangen, dass wir satt sind. Nehmen wir die Nahrung schneller zu uns, wird der Hunger während des Essens überholt, und man isst weit über das Sättigungsgefühl hinaus.

Zudem schmeckt Fast Food dank hohen Anteilen von Fett, Zucker, Salz und Geschmacksverstärkern auch zu gut. Fett ist ein Geschmacksträger und bewirkt, dass sich die Geschmacksknospen auf der Zunge, der Mundschleimhaut und dem Gaumen öffnen. Genauso reagieren die Sensoren auf weitere Geschmacksverstärker wie Glutamate. Diese sind keine Gewürze, sondern chemische Substanzen, die in unserem Gehirn ein künstliches Hungergefühl auslösen. Dadurch befinden wir uns in einem Teufelskreis, denn wir bekommen während des Essens noch mehr Appetit. Aber es geht noch weiter: Der hohe Zuckeranteil in unserer leckeren Fast-Food-Portion sorgt für einen schnellen Anstieg des Blutzuckerspiegels, und unser Körper schüttet Insulin aus. Das ist das Hormon, das den Blutzuckerspiegel reguliert. Dieser Insulinspiegel sollte weder zu hoch noch zu niedrig sein. Die zuckerhaltige Mahlzeit sorgt für die Ausschüttung einer großen Menge Insulin. So schnell der Blutzuckerspiegel nach der Fast-Food-Mahlzeit ansteigt, so schnell rauscht er auf die gewaltige Menge Insulin hin wieder ab, möglicherweise sogar noch tiefer als vor der Mahlzeit. Daraus resultierend, bekommen wir Heißhungerattacken und essen ziemlich wahrscheinlich sofort weiter.

Was soll man noch weiter zu dieser Art der schnell zubereiteten, industriell verarbeiteten »Nahrung« sagen? Nun gut, etwas würde mir schon noch einfallen: Wenn man sich hauptsächlich von Fast Food ernährt, bleibt die wichtige Nährstoffversorgung auf der Strecke. Die Symptome, die dadurch auftreten können, sind vielseitig: Müdigkeit, Konzentrationsschwäche, Abgeschlagenheit, Schlappheit und Kopfschmerzen. Außerdem werden durch die Menge an enthaltenem Zucker unsere Zähne angegriffen, unsere Verdauung wird durch die fehlenden Ballaststoffe träge und die mögliche Gewichtszunahme

wirkt sich negativ auf unsere Gesundheit aus. So, jetzt habe ich das mal auf den Punkt gebracht. Aber für alle, die meinen, nicht darauf verzichten zu können, hier die gute Nachricht – ab und zu mal Fast Food essen ist okay. Aber nun die noch bessere Nachricht: Wenn Sie erstmal mit einer Ernährungsumstellung auf Clean Food angefangen haben, dann wird Ihnen der Spaß an Fast Food früher oder später sowieso vergehen.

DAS GEGENTEIL VON FAST FOOD = SLOW FOOD

Obwohl wir den Begriff Slow Food als »neuen Foodtrend« empfinden, entspringt er bereits einem 1986 gegründetem Verein. Ursprünglich wurde er zur Erhaltung der Esskultur in der norditalienischen Kleinstadt Bra ins Leben gerufen. Dieser mittlerweile internationale Verein hat es sich zum Ziel gesetzt, sich für die Erhaltung der traditionellen Esskultur, dem kulinarischen Genuss und einem moderaten Lebenstempo einzusetzen. Schnell wurde klar, dass es sich bei Slow Food (engl. slow = langsam und food = Essen) aber nicht nur um langsames Essen oder Kochen handelt. Es ist eine Bewegung, die ganzheitlich denkt und auch die bäuerliche Landwirtschaft, das Lebensmittelhandwerk und eine gesunde Umwelt für eine gute, saubere und faire Esskultur miteinbezieht.

Slow Food definiert sich als eine Bewegung, die sich dafür einsetzt, dass jeder Mensch Zugang zu nachhaltiger Nahrung hat. Diese Lebensmittel sollen umweltfreundlich, gut, sauber und fair produziert werden. Ziel ist es hier also nicht nur, Essen auf den Tisch zu bringen und das in einem bestimmten Zeitfenster, sondern eine biologische Vielfalt zu erhalten und das Wissen über Lebensmittel und ihre Produktion zu vermitteln. Es geht um Bewusstsein, Respekt, Wertschätzung und Genuss. Beachten Sie dabei aber bitte Folgendes: Nicht jedes Essen, das lange in der Zubereitung dauert oder auf das man ewig im Restaurant wartet, ist deshalb gleich Slow Food. Und nicht jedes Essen, das schnell zubereitet wird, ist demzufolge gleich Fast Food. Auch wenn »slow« und »fast« eigentlich zeitliche Begriffe sind, handelt es sich im allgemeinen Sprachgebrauch letztendlich um die Qualität der Zutaten.

WAS IST CONVENIENCE FOOD UND WAS SOLLTEN WIR WISSEN?

Eine weitere Möglichkeit, uns Zeit bei der Nahrungsaufnahme und deren Zubereitung zu sparen, ist Convenience Food. Was ist das nun wieder? *Convenience* ist Englisch und bedeutet Bequemlichkeit, Komfort oder Zweckmäßigkeit. Bei Nahrungsmitteln bedeutet es, dass diese bereits vorverarbeitet sind und sich dadurch schneller zubereiten lassen. Diese Art der Nahrungsmittel steht in jedem Supermarkt für uns *en masse*, also in beträchtlicher Menge, bereit. Sie werden zu Hause gern als schnelle Alternative zum frischen Kochen eingesetzt. Zu Convenience-Produkten zählen sowohl frische und gekühlte Produkte, aber auch Konserven, Tiefkühlware oder Trockenprodukte. Bei Convenience Food gibt es sehr große Unterschiede. Deshalb können wir nicht alle Convenience-Produkte in einen Topf werfen.

Dieser Begriff sollte meiner Meinung nach unterteilt werden. Man kann auch nicht pauschal sagen, ob Convenience Food gesund oder ungesund ist, eben genau wegen der großen qualitativen Unterschiede. Es kommt hierbei auf ganz unterschiedliche Faktoren an. Es ist für mich in der ausgewogenen, modernen Ernährung ein Unterschied, ob ich z.B. tiefgekühlte Erbsen in einem hausgemachten Curry verkoche, getrocknete Tomaten verwende oder eben eine komplett fertige Mahlzeit wie eine Gemüsesuppe aus der Dose, respektive ein Fertiggericht, nur erwärme. Deshalb würde ich Convenience Food in verschiedene Gruppe einteilen. Hierbei kommt es darauf an, wie weit das Lebensmittel bereits verarbeitet wurde und welche Zusatzstoffe beigefügt wurden.

Zu erwähnen wäre hier auch noch, dass selbstverständlich in Schnellrestaurants ein sehr hoher Prozentsatz aller verwerteten Nahrungsmittel Convenience-Produkte sind. Convenience Food wird aber auch in anderen gastronomischen Betrieben verwendet. Mit Kochen hat das meistens nicht mehr viel zu tun, was da in den Küchen passiert. Klar, Convenience Food hat viele Vorteile und das nicht nur für uns, sondern eben auch für die gastronomischen Betriebe. Da gibt es wirklich viele Helferlein, hier nur einige Beispiele, was alles als aufgepimptes Convenience-Gericht herausgegeben wird:

- panierte Schnitzel
- Tiefkühl-Rahmgemüse
- gefrorenes Spiegelei
- geschälte Kartoffeln
- Soßen aller Art
- Rührei aus dem Tetrapack
- Smoothies
- fertige Salate
- Instant-Nudelgerichte etc.

Oft wird uns zudem noch weisgemacht, dass »alles hausgemacht« ist. Naja, das kann schon so sein … nur in welchem »Haus« oder welcher »Fabrik« es »hausgemacht« wurde, ist hierbei die Frage. Wenn wir also nicht selber frisch kochen, macht es auch kein anderer mehr für uns, und genau das ist das Problem. Wenn wir also Essen gehen, den Bestellservice in Anspruch nehmen oder in der Kantine speisen, werden wir fast überall, und das mit steigender Tendenz, mit industriell vorbearbeiteten Produkten konfrontiert. Auch das sollten wir bei einer ausgewogenen Ernährung beachten. Hier trügt der Schein, Fast Food/Convenience Food ist nicht nur in amerikanischen Schnellrestaurants im Angebot, sondern auch in Deutschland in aller Munde. Wir werden immer mehr und an den unterschiedlichsten Orten mit Nahrungsmitteln, die industriell vor- und verarbeitet sind, gefüttert.

Wie überall gilt auch hier: Die Menge macht das Gift. Wenn ein entspannter Restaurantbesuch Sie hin und wieder vom alltäglichen Stress ablenkt, dann gönnen Sie sich das ruhig. Und wenn Sie mit Ihren Kindern gelegentlich einem Fast-Food-Restaurant einen Besuch abstatten, dann tun Sie das ohne schlechtes Gewissen. Es sollte eben nicht die Regel sein. Das Verhältnis sollte einfach stimmen. In den meisten Fällen tut es dieses aber eben nicht mehr, und das bereitet uns auf Dauer viele gesundheitliche Probleme. Ich empfehle maximal ein Mal Convenience oder Fast Food in der Woche und Minimum sechs Mal frisch und selbst gekocht. Diese Einteilung ist eine Hilfestellung, um sich besser einschätzen zu können und den Essensplan einzuteilen. Demnach sollten Sie höchstens an einem Tag der Woche oder über den Monat verteilt drei bis vier Mahlzeiten industriell gefertigter Nahrung zu sich zu nehmen. Dies soll ein Durchschnittswert sein. Selbstverständlich ist das nicht immer so umsetzbar z. B., wenn man viel auf Reisen und in Hotels untergebracht ist. Dann müssen wir einen Ausgleich schaffen. Diese Aufrechnung muss jeder für sich selber machen. Sonst fehlen nicht nur die wichtigen Nährstoffe, sondern obendrauf bekommen wir durch diese Art der Ernährung zu viel Salz, Zucker und Fett in sehr schlechter Qualität. Und das alles mit diversen Zusatzstoffen.

Bei den Produkten, die wir selber und verpackt im Supermarkt einkaufen, gilt es, generell einen Blick auf die Zusatzstoffliste zu werfen. Hierdurch kann die Qualität des Produkts etwas besser eingeschätzt werden. Je länger die Liste an Zusatzstoffen eines Produkts ist, desto eher handelt es sich um ein Produkt aus dem Labor = Lebensmitteldesign.

Als Einkaufsempfehlung gilt: Weniger als fünf Zutaten sind gerade noch okay. Alles, was mehr hat, wird wieder weggestellt und kommt nicht in den Einkaufswagen.

Fazit: Je weniger Zusatzstoffe auf dem Convenience-Produkt stehen, desto eher können Sie es verwenden. Ich gebe zu, die Auszeichnung ist undurchsichtig, und auch der Grund für den Einsatz des Zusatzstoffes ist oft nicht ganz klar. Mit der folgenden Auflistung versuche, ich Licht ins Dunkel zu bringen. Zusatzstoffe machen Lebensmittel haltbarer, sorgen für eine bessere Konsistenz oder verbinden unterschiedliche Stoffe miteinander. Doch sie stehen auch in Verdacht, unserer Gesundheit erheblich zu schaden. Zusatzstoffe finden sich in vielen Convenience-Produkten, aber nicht ausschließlich dort. Die Europäische Behörde für Lebensmittelsicherheit ist für die Zulassung von Zusatzstoffen innerhalb der Europäischen Union zuständig, es werden sogenannte E-Nummern vergeben. Jetzt wird es sehr interessant. Nur, wenn ein Zusatzstoff bei der vorgeschlagenen Menge für die Verbraucher*innen als gesundheitlich unbedenklich eingestuft wird, wird er zugelassen. Die Menge gilt dann aber nur für das eine Produkt als unbedenklich. Wenn Sie nun also mehrere verschiedene Produkte mit den jeweiligen Zulassungsgrenzwerten zu sich nehmen, summiert sich die Dosis. Hier lauert die Gefahr ganz besonders. Zusatzstoffe sind nach dem Lebensmittel- und Futtermittelgesetzbuch (LFGB) Stoffe mit oder ohne Nährwert, die einem Nahrungsmittel aus technologischen Gründen zugesetzt werden.

ZUSATZSTOFFE: ICH KAUFE EIN »E«

So werden Nahrungsmittel bunter, süßer, knackiger und haltbarer gemacht. Es gibt noch viel mehr Zusatzstoffe wie Füllmittel, die das Volumen, aber nicht den Nährstoff erhöhen, Feuchthaltemittel, die das Austrocknen verhindern, Mehlbehandlungsmittel, die das Backverhalten unserer Getreideprodukte verbessern, Kaumasse für Kaugummis und viele weitere. Nicht allen Zusatzstoffen sind E-Nummern zugeordnet. Es gibt auch Zusatzstoffe, denen andere Grenzwerte und Einteilungen zugrunde liegen und somit keine E-Nummer-Kennzeichnungspflicht haben. Solche sind z. B. Geschmacksverstärker wie Hefeextrakte, Fleischextrakte, Speisewürze, Tomatenserum usw. Sogar hinter der Aufschrift »+ Vitamin C« die uns Verbraucher*innen vorgaukeln will, dass das Produkt aufgrund des zugesetzten Vitamin C noch gesünder ist, steckt ein chemischer Zusatzstoff, nämlich Ascorbinsäure E 300, ein Säuerungs- und Konservierungsmittel.

Ein paar weitere, sehr wichtige Informationen möchte ich hier noch hinzufügen: Hefeextrakt hat z. B. keine E-Nummer und darf deshalb auch in Bio-Produkten verwendet werden. Es wird aus Hefe gewonnen. Bis hierher hört es sich noch ganz harmlos an. Beim Eindampfen entsteht jedoch aus Hefe Hefezellsaft, welcher Glutaminsäure enthält. Diese wiederum ist ein geschmacksverstärkender Stoff. Die meisten Zusatzstoffe werden als gesundheitlich nicht bedenklich eingestuft. Aber auch hier machen es die Menge und Kombination der Stoffe aus. Wenn diese Zusatzstoffe Nahrungsmittel verändern, kommt mir der Gedanke, dass sie bestimmt auch eine Wirkung auf uns und unseren Organismus haben.

Maltodextrin ist ein geschmacksverstärkender Zusatzstoff. Bei diesem Stoff wurde nachgewiesen, dass er nicht nur den Geschmack verstärkt, sondern auch unseren Appetit steigert. Und genauso werden wir von der Industrie zur kleinen Raupe Nimmersatt gemacht. Der Nahrungsmittelindustrie ist nämlich ganz und gar nicht daran gelegen, dass wir uns gemäßigt und gesund ernähren. Sie will, dass wir ihre Produkte kaufen – je mehr, desto besser. Und dafür tut die Nahrungsmittelindustrie alles, um uns ihre Produkte so schmackhaft wie möglich zu machen. Und das wird erreicht durch massiven Einsatz chemischer Stoffe wie Aromen, Geschmacksverstärkern, Zucker, Zuckerersatzstoffen etc. Alles Stoffe, die den Appetit nur noch mehr anheizen. Heißhungerattacken sind vorprogrammiert. Ein mächtiger Teufelskreis, den ich mit Ihnen gemeinsam durchbrechen möchte.

Sie sehen, es gibt so viele verschiedene Zusatzstoffe, die keiner von uns immer im Blick haben oder kennen kann. Und um uns den Durchblick noch etwas zu erschweren, werden die ganzen Zusatzstoffinformationen sehr klein und unübersichtlich, somit kaum lesbar, immer auf der Rückseite des Produkts aufgeführt. Auf vielen Produkten stehen mittlerweile keine E-Nummern mehr, sondern Kurkumin anstelle von E 100, Agar-Agar anstelle von E 406 oder Benzoesäure für E 211 und Sorbinsäure für E 200. Die letzten beiden sind Konservierungsstoffe. E 407 ist Carregeen und E 413 ist Traganth, also Verdickungsmittel. Aber was sagt uns das? Wer hat die Muße, sich im Alltagsstress damit zu beschäftigen. Wir sind als Verbraucher*innen schließlich keine Lebensmitteltechniker*innen, wir wollen doch eigentlich nur gut, lecker und gesund essen.

Hier ist einfach Vorsicht geboten und es gilt, »weniger ist mehr«. Je weniger ein Lebensmittel verarbeitet ist, desto besser ist es für eine gesunde und vollwertige Ernährung noch einsetzbar. Die Menge an Zusatzstoffen ist fast unendlich – hier stelle ich noch ein paar für Sie zusammen, die eher bedenklich sind und bei denen es durchaus zu Reaktionen kommen kann:

E 110 Gelborange

Gehört zu den umstrittenen Azofarbstoffen, färbt z. B. Wackelpudding ein. Es kann Allergien auslösen, vor allem bei Menschen, die empfindlich auf Aspirin oder Benzoesäure E 210 reagieren. Es ist aber auch bedenklich für Personen mit Pseudoallergien wie Neurodermitis, Nesselsucht oder Asthma. Eine Pseudoallergie ist eine Körperreaktion, bei der das Immunsystem nicht beteiligt ist. Dazu gehören weitere umstrittene Farbstoffe wie Tartrazin (E 102), Azorubin (E 122), Cochenillerot A (E 124), Allurarot (E 129) und Chinolingelb (E 104). Bei Kindern, die auf knallbunte Nahrungsmittel wie Eis, Bonbons und Limonaden besonders anspringen und daher viele solcher Produkte verzehren, stehen diese Stoffe in Verdacht, zu Hyperaktivität und Aufmerksamkeitsstörungen zu führen. Deshalb müssen die Produkte auch mit einem Warnhinweis gekennzeichnet werden. Dies ergab eine Studie der Universität Southampton von 2007. Der Konsum von Lebensmittelfarbstoffen (Azofarbstoffe und Chinolingelb) zusammen mit dem Konservierungsstoff Natriumbenzoat bewirkt, dass die Kinder insgesamt aufgeregter und zappeliger erschienen.

E 620 Glutaminsäure

Ist ein Geschmacksverstärker und wird biotechnologisch hergestellt durch genveränderte Bakterien. Er ist oft in Fertiggerichten und z. B. in asiatischem Essen, Sojasoßen, Tomatensoße und Parmesan enthalten. Für Asthmatiker*innen oder Neurodermitis-Patient*innen ist er bedenklich. In höheren Dosen kann Glutamat bei empfindlichen Menschen das sogenannte »China-Restaurant-Syndrom« auslösen: Schläfendruck, Kopfschmerzen, Herzklopfen, ein Taubheitsgefühl und Steifheit im Nacken, Rücken und Armen. Betroffen sind eher Menschen europäischer Abstammung, während Asiat*innen besser angepasst sind. In Tierversuchen wurde herausgefunden, dass E 620 unseren Appetit stimuliert und in erhöhter Dosis bei Jungtieren Übergewicht durch ein verzögertes Längenwachstum (»stunted growth«) fördert. Wichtige Zusatzinformation: Glutamat hat mittlerweile einen schlechten Ruf, deshalb werden von manchen Herstellern andere Begriffe dafür gewählt, um den Einsatz zu verschleiern. Ein besonders verräterischer Hinweis auf Geschmacksverstärker ist die Formulierung »ohne geschmacksverstärkende Zusatzstoffe« oder »ohne Zusatzstoff Glutamat«. Stattdessen sind geschmacksverstärkende Zutaten beigesetzt wie »Hefeextrakt« »Würze« »Tomatenserum« oder ganz simpel »Aroma«.

E 407 Carrageen

Wird als Gelier- und Verdickungsmittel eingesetzt und aus Rotalgen gewonnen. Es emulgiert und stabilisiert. Verwendet wird es z. B.für die Herstellung von Pudding, Brotaufstrichen, Konfitüren, Desserts, Gelees, Eiscreme und Frischkäse. Wichtige Zusatzinformation: E 407 ist auch für Bio-Produkte und in der EU zudem für »Kleinkindnahrung« und »Sahneprodukte mit lebenden Bakterien« zugelassen. Es kann bei hoher Dosierung die Aufnahme von Mineralstoffen wie Kalzium behindern und abführend wirken. In Einzelfällen kann es zu Allergien kommen. In Tierversuchen mit Nagern wurden zudem Entzündungen im Darm festgestellt, teilweise auch

Veränderungen am Immunsystem. Der Verdacht liegt also nahe, dass diese Stoffe womöglich ein Risiko für Menschen mit Darmentzündungen darstellen.

E 320 Butylhydroxyanisol (BHA)

Ist ein Antioxidationsmittel und ein synthetischer Radikalfänger. BHA wirkt konservierend und schützt Nahrungsmittel bei Kontakt mit Sauerstoff vor dem Verderben. Es hilft, sie optisch ansehnlich zu erhalten. E 320 und E 321 sind in Tütensuppen, Kaugummi, Knabberartikeln, Marzipan, Fertigsuppen, Instant-Kartoffeln und Backmischungen zu finden. Es kann bei hoher Konzentration zu Benommenheit führen und steht im Verdacht, Allergien auszulösen. Beide Stoffe reichern sich im menschlichen Fettgewebe an und gelangen in den Fötus und die Muttermilch.

E 951 Aspartam

Ist ein Süßstoff, der 200-mal intensiver als Zucker schmeckt. Zudem ist es ein Geschmacksverstärker und wird aus zwei synthetischen Aminosäuren erzeugt. E 951 wird oft in kalorienreduzierten Lebensmitteln eingesetzt, was allerdings umstritten ist, denn in Tierversuchen bewirkte er eine schnellere Gewichtszunahme. Es wird diskutiert, ob Aspartam Übergewicht fördert. Mehr als 40 mg pro Kilogramm Körpergewicht am Tag sollte man nicht zu sich nehmen. Aspartam ähnelt körpereigenen Botenstoffen (Peptidhormonen). Empfindliche Menschen berichteten nach dem Verzehr über Kopfschmerzen, Benommenheit, Gedächtnisverlust, Sehstörungen und Hyperaktivität. Es wird als Ursache von Fettleber und Diabetes diskutiert. Sehr problematisch ist Aspartam für Patienten mit Phenylketonurie (eine angeborene Stoffwechselerkrankung), ein seltener, angeborener Enzymdefekt. Aus diesem Grund befindet sich auf dem Etikett der Warnhinweis: »enthält eine Phenylalaninquelle«.

E 953 Isomalt

Ist ein künstlicher Zuckeraustauschstoff, welcher aus Zuckerrüben (Saccharose) hergestellt wird. Dabei wird Zucker biotechnologisch in Traubenzucker und Fruchtzucker gespalten und danach wieder neu, aber »falsch« zusammengesetzt. So entsteht Isomaltulose, die wiederum katalytisch mit E 949 (Wasserstoff) zu Isomalt hydriert wird. Das Produkt ist etwa halb so süß wie Zucker und maskiert den unangenehmen Beigeschmack einiger Süßstoffe. Produkte mit Isomalt dürfen als zuckerfrei gekennzeichnet werden. Ab einer Menge von 20 g (diese Menge ist in ungefähr einer halben Tafel Diätschokolade enthalten) kann es Blähungen und Durchfall verursachen. Mehr als 50 g am Tag sollte man nicht essen. Isomalt wird nicht von den Verdauungsenzymen, sondern von der Darmflora abgebaut, dadurch kommt es zu Gasbildung im Darm. Weitere Süßstoffe sind: Acesulfam (E 950), Cyclamat (E 952), Saccharin (E 954) und Taumatin (E 957). Sie sind vor allem für Kinder bedenklich und sollten nicht in größeren Mengen zu sich genommen werden.

E 450 Diphosphate

Dienen in Nahrungsmitteln, je nach Anwendung, als Säureregulatoren, Emulgatoren, Backtriebmittel und Komplexbildner. Sie unterbinden auch die Vergrauung von Nahrungsmitteln wie z. B. bei Kartoffelprodukten wie Pommes frites. Zur Graubildung kommt es, wenn Eisenspuren und Polyphenole der Kartoffeln mit Sauerstoff in Kontakt kommen. E 450 neutralisiert das Eisen. Zusätzlich werden Diphosphate für folgende Zwecke verwendet:

- Schmelzkäse cremiger zu machen
- als Emulgator bei Backwaren wie Keksen (spart Eier)
- als Gerinnungshemmer von Eiereiweiß bei einer Hitzebehandlung
- zur Verbesserung der Schlagfähigkeit von Sahne
- als Gelierregulator für viele Verdickungsmittel
- als Emulgator für Soßenpulver
- zur Erhöhung des Wassergehalts von Schinken und Brühwurst
- zur Vermeidung von Wasserverlusten bei Fisch und zur Regulation der Eiskristallstruktur von Speiseeis

Ja, und in Limonaden ist es auch zu finden. Wichtige Zusatzinformationen: In hoher Konzentration können Diphosphate die Aufnahme von Kalzium, Magnesium und Eisen im Körper behindern. Polyphosphate beeinflussen den Kalziumstoffwechsel des Menschen. Der Verdacht, dass Lebensmittel mit nennenswerten Phosphatzusätzen wie Limonade oder Schmelzkäse bei regelmäßigem Konsum Osteoporose fördern, ließ sich allerdings nicht bestätigen.

E 1520 Propylenglykol

Ist ein Feuchthaltemittel, Weichmacher und Aromaverstärker. Verlängert in höherer Konzentration die Haltbarkeit und hilft dadurch, Konservierungsstoffe einzusparen. Daneben dient es als Rostschutz, Frostschutzmittel, Bremsflüssigkeit und Lösungsmittel für Lacke, als Wärmeträger in Solar- und Kühlanlagen, zur Herstellung von Kunststoffen. Außerdem ist es enthalten in Hautcremes, Zahnpasta und im Liquid von E-Zigaretten. In Nahrungsmitteln gilt E 1520 in geringer Dosis als harmlos, auch wenn gelegentlich allergische Hautausschläge beobachtet wurden. Bei Aufnahme hoher Dosen kann es, laut Verbraucherzentrale Hamburg, zu Vergiftungserscheinungen kommen, die in ihrer Symptomatik an einen Alkoholrausch erinnern. Katzen reagieren sehr empfindlich auf E 1520. Bei Hochleistungsrindern ist es ein wichtiger Futterzusatz (ein Viertelliter pro Tag) zur Erhöhung der Milchleistung nach dem Kalben.

**Ist das nicht alles schrecklich?
Das alles essen wir.**

WAS SIND DIE VOR- UND NACHTEILE VON CONVENIENCE-PRODUKTEN?

Vorteile:	Nachteile:
einfache Zubereitung	keine ausgewogenen Mahlzeiten
keine Kochkenntnisse erforderlich	geschmackliche Eintönigkeit
zeitsparend bei der Zubereitung	Nährstoffverlust durch Verarbeitung
kaum Vorbereitungszeit	zu viel Zucker
lange Haltbarkeit	zu viel Salz
gute Portionierbarkeit	zu viel Fett
saisonal unabhängig	schlechte Ölqualität/ Transfette
gute Vorratshaltung möglich	teurer als eine frische Küche

Auch für mich ist der Zeitfaktor bei der Zubereitung von Mahlzeiten wichtig. Deswegen empfehle ich die Vorbereitung von Gerichten gleich für ein paar Tage. Dabei lege ich vor allen Dingen Wert auf die INHALTSSTOFFE und NÄHRSTOFFE der Zutaten, die ich verarbeite, und darauf, wie man sie bei der Zubereitung erhält. Dieses Wissen und den Bezug dazu haben wir im Zeitalter des Fast- und Convenience-Food-Angebots aus den Augen verloren. Jedes Lebensmittel, mag es noch so einfach sein, ist in seiner ursprünglichen Weise ein Superfood und ergänzt unseren Nährstoffhaushalt. Mein Motto »Keep it simple« ... einfach mal wieder sinnvoll essen! Wer mich bereits kennt, weiß, dass ich eine Befürworterin überwiegend pflanzlicher Ernährung bin. Aus den unterschiedlichsten Gründen, die ich schon in meinen vorherigen Büchern »Detox – so easy« und »Easy Basenfasten« beschrieben habe. Nun liegt es, glaube ich, in der Natur des Menschen, sehr oft von einem Extrem ins andere zu fallen. Es gibt nicht nur ausschließlich »gut« und »schlecht« oder »scharf« und »ungewürzt« oder »schnell« und »langsam« Es geht um eine ausgewogene, bunte Mischung. Und genau das möchte ich Ihnen hier in diesem Buch näherbringen. Wir können sehr wohl mit kleinem Geldbeutel und wenig Zeitaufwand einfaches, leckeres und qualitativ hochwertiges, zeitgemäßes Essen für uns zubereiten. Das ist dann meine *Full Rich Fast Healthy Cuisine*.

DIE ERNÄHRUNGS- PYRAMIDEN

Um sich bei Ernährungsempfehlungen besser zurechtzufinden, gibt es seit Jahrzehnten sogenannte Ernährungs- oder Lebensmittelpyramiden, welche von den verschiedensten Instituten, z. B. von der DGE (Deutsche Gesellschaft für Ernährung), erstellt werden.

DIE ZIELE DER ERNÄHRUNGSPYRAMIDEN SIND:

- die qualitativ hochwertige und ausreichende Versorgung mit Lebensmittelbestandteilen im Verhältnis darzustellen
- die qualitative Wertung von Lebensmitteln darzustellen
- den Zusammenhang von Ernährungsweisen und Krankheitshäufigkeiten aufzuzeigen

WAS MAN AN DEN PYRAMIDEN KRITISIEREN KANN:

- ein starker Einfluss der Industrie auf die Empfehlungsgruppen
- kein merkbarer Rückgang der ernährungsbedingten Zivilisationskrankheiten
- keine wirkliche Verbreitung des neuen Wissens durch die Medien
- Passivität der medizinischen Forschung zu diesem Thema
- zu undifferenzierte Vorgaben über Mengen
- keine eindeutigen Empfehlungen

Ich habe die Empfehlungen der Ernährungspyramiden von 1970 bis 2019 herausgearbeitet, damit Sie sehen können, wie sich die Empfehlungen der Institute aufgrund der gesellschaftlichen Veränderungen über die Jahre verschoben haben. Daran sehen wir wieder, wie wichtig es ist, in puncto Ernährung umzudenken.

CLEAN-EATING-BASICS

Clean Eating ist uralt, genauso alt wie die Bio-Bewegung. Mit dieser zog auch das Clean-Eating-Konzept ins Land, nur wurde es damals noch nicht so genannt, zumindest nicht im deutschsprachigen Raum. Hierzulande wurde es einfach als »gesunde, vollwertige Ernährung« bezeichnet. Damals begannen viele Menschen, sich über die Qualität ihrer Nahrung Gedanken zu machen, und wollten nicht länger Produkte mit künstlichen Zusatzstoffen essen. Sie begannen, Brot wieder selbst zu backen und das Getreide dafür selbst zu mahlen. Auch gewöhnlicher Haushaltszucker kam nicht mehr infrage. Stattdessen griff man zu alternativen Süßungsmitteln wie Dicksäften, Ahornsirup und Vollrohrzucker. Es kann daher sein, dass Sie bereits – zumindest teilweise – nach der Clean-Eating-Methode leben und es nur noch nicht wissen, weil sie diesen Begriff dafür noch nicht kennen. Wenn Sie also vorwiegend selbst kochen, Bio-Lebensmittel einkaufen, Vollkornprodukte bevorzugen und Zucker meiden, sieht das schon sehr nach Clean Eating aus.

Trotzdem sind die Vorteile einer spritzigen Bezeichnung nicht von der Hand zu weisen. Es macht deutlich mehr her zu sagen, man lebe nach dem Clean-Eating-Konzept als nach der guten alten Vollwertkost. Vollwert klingt schwer nach Öko, Birkenstock-Sandale und Körnerbrot, während Clean Eating geradezu das Gegenteil zu sein scheint: modern, sportlich, genussvoll und busy – die Ernährung der Hedonisten und der Fitnessszene. Warum auch nicht? Wenn ein neuer Begriff dazu verhilft, mehr Spaß an gesunder Ernährung und einem gesunden Lebensstil zu haben, ist das bestens! Was also ist Clean Eating konkret? Oft spricht man übrigens auch von Simple Eating. Clean Eating steht wörtlich übersetzt für »sauberes Essen«. Ich habe Ihnen die Grundpfeiler kurz und knapp zusammengefasst, um zu zeigen, was auf Ihrem Speiseplan steht:

- Lebensmittel ohne künstliche Zusatzstoffe
- Lebensmittel ohne raffinierten Zucker
- Lebensmittel aus umweltschonender Herstellung
- regional und saisonal
- frisch und selbst zubereitet
- viel Gemüse und reichlich Vollkornprodukte

Im Grunde lässt sich diese Ernährungsweise mit einer gesunden und vollwertigen Ernährung vergleichen. Also keine Diät? Nicht grundsätzlich. Bei Clean Eating geht es vielmehr um eine gesunde und bewusste Ernährungs- und Lebensweise. Dabei stehen knackig-frische und naturbelassene Lebensmittel in einem ausgewogenen Verhältnis aus Kohlenhydraten, Fetten und Proteinen im Mittelpunkt. Es geht überhaupt nicht darum, Kalorien zu zählen. Ganz nach dem Motto »back to the roots« wird beim Clean Eating viel mit frischen und saisonalen Lebensmitteln selbst gekocht. Clean Eating führt dazu, dass Sie sich intensiver mit Ihrer Ernährung, den Herstellungsweisen und dem Thema Nachhaltigkeit beschäftigen.

Irgendwie ist es eigenartig, dass wir uns damit beschäftigen müssen, reine und nahrhafte Lebensmittel zu uns zu nehmen. Denn all das sollte selbstverständlich sein. Essen soll uns Energie und Kraft liefern und mit Nährstoffen wie Kohlenhydraten, Eiweißen, Fetten, Vitaminen, Mineralstoffen und Wasser versorgen. Durch sie halten wir alle Funktionen im Körper in einem ausgewogenen Gleichgewicht. Diesen Idealzustand nennt man ganz einfach Gesundheit. Die richtige Nährstoffzufuhr sorgt dafür, dass die Stoffwechselprozesse in unserem Körper unauffällig, aber höchst professionell und effektiv vor sich hinarbeiten. Als Stoffwechsel oder Metabolismus bezeichnet man die Gesamtheit der chemischen und physikalischen Vorgänge der Umwandlung von Nahrungsmitteln und Sauerstoff in Zwischen- und Endprodukte in unserem Organismus. Alle Lebensvorgänge sind an eine ständige Aufnahme und Abgabe von Stoffen (= Stoffwechsel) gebunden. Diese biochemischen Vorgänge dienen dem Aufbau, Abbau, Erhalt und Ersatz der Körpersubstanz.

Die Aufgaben der Nährstoffe im Zellstoffwechsel sind:

a) Energiegewinnung zur Aufrechterhaltung der Körpertemperatur, der Körperfunktionen und der Arbeitsleistung.

b) Neubildung von Körpersubstanzen für Wachstum, Reparatur und Erhaltung des Körpers.

c) Abbau, Umbau und Neuaufbau.

d) Spezielle Syntheseproduktion wie Hormone, Verdauungsenzyme und Gallenflüssigkeit.

Wenn wir die dafür nötigen Nährstoffe nicht über unsere Nahrung bekommen, kommt es zu Stoffwechselstörungen. Lassen Sie es mich kurz noch anders beschreiben: Bekommt unser Körper, diese Wundermaschine, keine guten Baumaterialien, kann nichts gebaut, instand gehalten oder repariert werden. Das Resultat: Wir sind energielos, werden krank, und der Heilungsprozess wird ebenfalls nicht angekurbelt. Wir benötigen qualitativ hochwertige Lebensmittel mit großartigen Nährstoffen. Das ist nicht ganz einfach, weil wir unsere Intuition dafür verloren haben, was uns wirklich guttut. Wir lassen uns durch Logos, Verpackungen und Slogans in die Irre führen, die allesamt das Gute im Produkt versprechen. Erzeugerverbände und Handelsketten konkurrieren um das Vertrauen von uns Verbraucher*innen. Aber bei all dem, was wir jetzt schon wissen, lassen wir uns davon nicht mehr so schnell beeinflussen.

Sind die Lebensmittel »optimal« zusammengestellt, versorgen sie den Körper mit allen Nährstoffen in der nötigen Menge. Das Ergebnis: Wir fühlen uns gut und kräftig, sind gesund, leistungsfähig, psychisch ausgeglichen und dem Leben gegenüber positiv eingestellt! Ja! Hier sage ich immer: »Was reinkommt, kommt auch raus!« Esse ich also energielose Nahrungsmittel mit Zusatzstoffen, leeren Kalorien, minderwertigem Fett und wenigen Vitaminen, bin ich schlaff, energielos und ausgelaugt. Ernähre ich mich aber von frischen und reinen Lebensmitteln mit natürlichen Vitaminen, Ballaststoffen, Mineralstoffen und vielen guten Fetten, hochwertigen Kohlenhydraten und Eiweißen, bin ich fit wie ein Turnschuh. So fühle ich mich auf jeden Fall. Mir geht es um Reinheit, Ursprünglichkeit und so wenig wie möglich industriell verarbeitete Produkte, sprich vollwertige Ernährung.

NÄHRSTOFFE

Die verwertbaren Lebensmittelbestandteile, die wir, entsprechend ihren Aufgaben im Körper, als Nährstoffe bezeichnen, werden nochmals unterteilt. Es gibt Makro- und Mikronährstoffe. Zu den Makronährstoffen gehören Kohlenhydrate, Eiweiße und Fette. Zu den Mikronährstoffen zählen Vitamine, Mineralien, Ballaststoffe, sekundäre Pflanzenstoffe und Wasser. Ballaststoffe spielen vor allem für die Verdauungstätigkeit unseres Darms eine entscheidende Rolle. Eine ausgewogene Ernährung sollte sich wie folgt aufteilen:

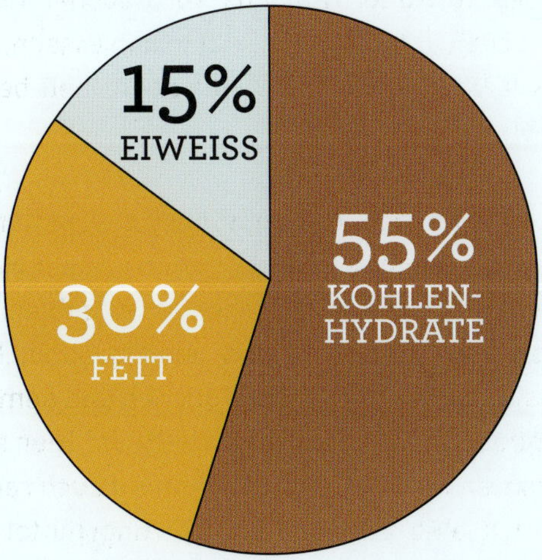

Und das ganz klar in einer sehr hohen und unverfälschten Qualität.

OFT WIRD HUNGER MIT DURST VERWECHSELT

Unser Körper sendet uns täglich die unterschiedlichsten Signale. Es ist seit jeher überlebenswichtig für uns, diese Signale richtig zu deuten. Mit diesen Warnhinweisen hilft uns unser Körper zu verstehen, was er braucht, und warnt uns vor Mangelerscheinungen. Einige Signale sind sehr eindeutig wie zum Beispiel Müdigkeit, Harndrang oder Kälteempfinden. Hunger und Durst hingegen werden vom Körper auf ähnliche Weise signalisiert. Nicht immer gelingt es uns, die Signale zu unterscheiden. Dann essen wir, obwohl wir eigentlich gar keinen Hunger haben, sondern Durst. Das ist ein fataler Irrtum. Häufig wird gegessen, obwohl dem Körper nur Flüssigkeit fehlt. Wenn sich der Magen nicht eindeutig meldet, dann ist es eine gute Idee, erst einmal etwas zu trinken, am besten Wasser oder ungesüßten Tee. Spätestens, wenn der Hals ganz trocken wird, ist jedem klar – wir haben Durst. Wer über den Tag verteilt regelmäßig trinkt, kann die Verwechslung zwischen Hunger und Durst vermeiden. Die Deutsche Gesellschaft für Ernährung (DGE) empfiehlt, täglich 1,5 Liter Wasser zu trinken. Ich finde, dass diese Menge das absolute Minimum ist. Es sollten eher 2–2,5 Liter gutes Quellwasser ohne Kohlensäure am Tag sein.

Wasser füllt unseren Magen und führt zu einer volumenabhängigen Sättigung. Wer viel trinkt, hat also in der Regel weniger Hunger. In diesem Buch habe ich Ihnen meine ganz natürlichen Lieblings-Limonaden zusammengestellt. So geht Trinken ganz einfach und macht uns ein wenig satter. Zudem schmecken sie wirklich lecker – es kann so einfach sein! Was mir sehr am Herzen liegt, ist, Ihnen den Spaß an den »Fruchtsaftschorlen« zu verderben. Ja, das meine ich ganz ernst, denn Softdrinks, Eistee und Säfte sind unglaublich gefährlich und tragen deutlich zur Entstehung von Übergewicht und den damit einhergehenden Gesellschaftskrankheiten bei. Leider herrscht immer noch eine allgemeine Unwissenheit über die Menge an Kalorien und Zucker, die in gesüßten Getränken enthalten sind. Zwei Gläser à 200 ml Apfelsaft haben genauso viele Kalorien wie ein Schweinekotelett mit 150 g, bringen aber kein Sättigungsgefühl. Probieren Sie es also mal ohne Apfelsaftschorle und Co.!

EIWEISS ODER PROTEIN

Eiweiß oder Protein, beide Begriffe haben dieselbe Bedeutung und stellen das Grundgerüst aller menschlichen, tierischen oder pflanzlichen Zellen dar. Sie sind lebenswichtig für unseren Körper. Wussten Sie, was Protein alles mit uns macht? Eiweiß ist ein grundlegender, wichtiger Nährstoff in einer ausgewogenen Ernährung. Es ist ein guter Energielieferant, der nicht nur dem Erhalt der Organfunktionen dient, sondern auch zum Denken benötigt wird. Außerdem hält Eiweiß gewissermaßen jung, da es die DNA erneuert und Enzyme aktiviert, die neue Zellen für den Stoffwechsel bilden. Das ist doch schon mal was, es kann aber noch so viel mehr.

Die Funktionen von Eiweiß:

- Aufbau von Zellen und Gewebe
- Aufbau von Bindegewebe
- Aufbau von Enzymen
- Produktion von Immunzellen und Antikörpern
- Produktion von Hormonen

Fehlen in unserer Ernährung die Eiweiße, funktionieren Stoffwechselprozesse und Immunabwehr nicht (richtig). Kurz gesagt: Ohne sie können wir nicht existieren. Das Grundgerüst der Eiweißstoffe sind wiederum Aminosäuren. Hiervon gibt es 20 verschiedene, aus denen sich die Vielzahl der unterschiedlichen Proteine zusammensetzt. Aminosäuren sind chemische Verbindungen, die für unseren Organismus lebensnotwendig sind. Sie stehen aber nicht für sich alleine, sondern schließen sich mit anderen zu einer Kette zusammen. Aus dieser Kette entsteht dann ein Protein. Kommt es hierbei zu einem Mangel einer oder mehrerer Aminosäuren, können die Ketten nicht mehr vollständig gebildet werden, wodurch die Produktion aller Proteine im Körper eingeschränkt wird. Die meisten Aminosäuren kann der Körper selbst bilden, aber eben nicht alle. Die fehlenden werden auch »die acht essenziellen Aminosäuren« genannt und müssen mit der Nahrung zugeführt werden. Sollte das nicht passieren, können sich Zellen nicht reparieren oder neu bilden.

Diese acht essenziellen Aminosäuren sind:

- Valin
- Isoleucin
- Leucin
- Methionin
- Lysin
- Phenylalin
- Threonin
- Tryptophan

Hier möchte ich Ihnen ein wenig mehr zu einigen dieser Aminosäuren erzählen und ein paar Beispiele von Lebensmitteln nennen, mit denen Sie diese Aminosäuren ganz einfach aufnehmen können.

Lysin ist für die Bildung von Kollagen verantwortlich. Dieses Kollagen ist ein Protein, das für den Aufbau unseres Bindegewebes zuständig ist. Es fördert zudem die Zellteilung und das Knochenwachstum. Diese Eigenschaften machen diese Aminosäure besonders wertvoll. Außerdem ist es wichtig für die Wundheilung, aber auch für schöne Haut, Haare und Nägel.

Lysin ist enthalten in:

- Buchweizen
- Champignons
- Chinakohl
- Eiern
- Erbsen
- Feldsalat
- Grünkohl
- Gurken
- Hirse
- Karotten
- Kartoffeln
- Kichererbsen
- Kürbiskernen
- Linsen
- Mais
- Pak-Choi
- Quinoa
- Reis
- Roter Bete
- Steinpilzen
- Tofu
- Tomaten
- Walnüssen
- Wirsing

Tryptophan ist eine Aminosäure, die in den Neurotransmitter Serotonin umgewandelt wird. Dieses Serotonin ist als Glücks-, Wohlfühl- und Entspannungshormon bekannt. Deshalb gilt es auch als natürliches Mittel bei depressiven Verstimmungen. Aber es kann noch mehr: Es sorgt für einen guten, gesunden und erholsamen Schlaf, da Serotonin, wenn es dunkel wird, in Melatonin umgewandelt wird.

Tryptophan ist enthalten in:

- Bananen
- Cashewkernen
- Eiern
- Erdbeeren
- Grapefruits
- Haferflocken
- Haselnüssen
- Kürbiskernen
- Pfifferlingen
- Pfirsichen
- Quinoa
- Roh-Kakaopulver
- Sojabohnen

Methionin ist in erster Linie dafür wichtig, eine nicht-essenzielle Aminosäure herzustellen, nämlich das **Cystein**. Diese beiden organischen Schwefelspender wirken in unseren Gelenken entzündungshemmend und schmerzlindernd. Sie regen die Knorpelzellen zur Bildung von neuem Knorpelgewebe an, als Antioxidans neutralisiert Methionin außerdem freie Radikale.

Methionin ist enthalten in:

- Auberginen
- Bäckerhefe
- Brokkoli
- Eiern
- Erbsen
- Erdnusspaste
- grünem Blattgemüse (z. B. Spinat)
- Hirse
- Kirschen
- Knäckebrot
- Paprika
- Paranüssen
- Porree
- Quinoa
- Sesam
- Speisekleie
- Walnüssen
- Weintrauben

In pflanzlichen Lebensmitteln sind fast immer alle essenziellen Aminosäuren enthalten. Es gibt wohl kaum ein pflanzliches Lebensmittel, dem eine oder gar mehrere essenzielle Aminosäuren vollständig fehlen würden. Es gibt lediglich pflanzliche Lebensmittel, die von der einen oder anderen Aminosäure etwas weniger oder mehr enthalten, sodass deren Aminosäurenprofil als nicht ganz so optimal gilt. Das wird aber durch die Kombination verschiedener Obst- und Gemüsesorten ausgeglichen.

Wir benötigen eine bestimmte Menge Protein für den Aufbau von Muskeln und Zellen und deren Vitalerhaltung. Die Deutsche Gesellschaft für Ernährung (DGE) empfiehlt, täglich etwa 0,8 g Eiweiß pro Kilogramm Körpergewicht zu essen. Dieser Wert wurde bereits mit ausreichendem Sicherheitszuschlag berechnet. Die Obergrenze sind 2 g pro Kilogramm Körpergewicht. Für eine 60 kg schwere, erwachsene Person bedeutet das, dass sie zwischen 48 und 120 g Eiweiß pro Tag essen dürfte. Wiegen Sie 80 kg, liegt die empfohlene Zufuhr zwischen 64 g und 160 g Eiweiß pro Tag. Diese Werte hören sich im ersten Moment viel an, aber Vorsicht: Dadurch, dass die Formel zur Berechnung der empfohlenen Menge Protein bezogen auf das Körpergewicht schwierig ist, verschätzt man sich schnell.

Meist wird aus Angst vor Proteinmangel zu viel aufgenommen oder sogar zusätzlich supplementiert. Wenn unser Körper Protein verstoffwechselt, produziert der Organismus Ammoniak, ein Harnstoff, der mit dem Blut zu den Nieren transportiert und im gesunden Körper mit dem Urin ausgeschieden wird. Sollte eine Niere geschwächt sein und wir führen zusätzlich viel Protein zu, welches in Harnstoff verstoffwechselt und über die Niere ausgeschieden werden muss, dann kann es zu einer Überlastung unserer Nieren und damit zu weiteren Schädigungen kommen. Es empfiehlt sich immer, Proteine zu bevorzugen, die eine hohe biologische Wertigkeit und Verfügbarkeit haben.

Kurz ein Wort zur biologischen Wertigkeit. Die biologische Wertigkeit ist eine Zahl, die angibt, wie effizient ein Eiweiß zur Bildung von körpereigenem Protein genutzt werden kann. Ein Hühnerei hat mit einer biologischen Wertigkeit von 100 die höchste Eiweißqualität. Die Pseudogetreide Amaranth, Buchweizen und Quinoa z. B. sind nicht nur eiweißreich, sondern enthalten alle lebensnotwendigen Aminosäuren. Zudem kommt ihr Aminosäurespektrum dem menschlichen Bedarf sehr nahe. Damit haben sie eine hohe biologische Wertigkeit. Für Buchweizen besteht eine biologische Verfügbarkeit von 80 bis 93, bei Amaranth von 75 und bei Quinoa wird eine biologische Verfügbarkeit von 83 angegeben. Zum Vergleich: Die biologische Wertigkeit von Kartoffeln liegt bei 76 und die von Getreide bei 56 bis 81. Hier ein Wort zu meinem Favoriten: dem Buchweizen. Er enthält zwar prozentual weniger Protein als beispielsweise Weizen, doch er versorgt den Körper mit allen acht essenziellen Aminosäuren. Damit hat er ein günstigeres Aminosäureprofil als »echtes« Getreide.

Tagesbedarfsplan: (nur als Beispiel, damit Sie sich eine Größenordnung vorstellen können.)

1 Scheibe Vollkornbrot	3,2 g
1 Banane	1,2 g
25 g Paranüsse	3,5 g
150 g Haferflocken	19,5 g
250 g Kartoffeln	5 g
400 g Spinat	10 g
200 g Quinoa	26 g
100 g grüne Bohnen	2,4 g
	70,8 g

Schon hiermit wäre der Tagesbedarf einer 60 kg schweren, erwachsenen Person gedeckt. Sie sehen, wie wenige pflanzliche Nahrungsmittel Sie zu sich nehmen müssen, um Ihren Tagesbedarf an Protein zu decken. Die meisten Menschen haben Angst vor einer Proteinunterversorgung. Aber keine Sorge, im Schnitt essen Frauen etwa 60 g pro Tag, Männer 81 g. Das ist mehr als genug. Im Durchschnitt kann man sagen, dass insbesondere in der westlichen Bevölkerung in puncto Eiweiß eher eine Über- als eine Unterversorgung herrscht. Das liegt unter anderem daran, dass Protein in vielen tierischen Nahrungsmitteln steckt. Doch auch die pflanzlichen Lebensmittel punkten mit einem hohen Eiweißanteil, der sogar besser aufgenommen werden kann.

Wer sein Protein durch Eier zu sich nehmen möchte, dem sollte sich bewusst sein, dass Ei nicht gleich Ei ist (mehr zum Thema Ei finden Sie auf Seite 66). Hier ist die Tierhaltung nicht nur aus ethischen Gründen ein entscheidendes Thema, sondern auch aus gesundheitlichen. Die Redewendung »ein Ei gleicht dem anderen« gilt schon lange nicht mehr. Die Qualitätsunterschiede sind groß. In Deutschland werden jährlich pro Kopf etwa 240 Eier verspeist. Bei dieser Statistik geht man von dem einzelnen, aufgeschlagenen Ei aus. Wenn man aber bedenkt, wie viele Eier in industriell verarbeiteten Nahrungsmitteln zum Einsatz kommen, ist die Pro-Kopf-Zahl viel höher.

PROTEINE ALS NAHRUNGSERGÄNZUNG

Die meisten sportlich aktiven Menschen wissen, dass Eiweiß das Mittel der Wahl ist, wenn es um den Muskelaufbau geht. So werden Berge von Fleisch, Milchprodukten und Eiern regelrecht verschlungen. Allerdings übersäuert zu viel tierisches Eiweiß den Körper. Das kann zu erheblichen Gesundheitsproblemen führen. Dazu kommen noch die absolut im Trend liegenden Nahrungsergänzungsmittel: Protein-Shakes, meist in Form von Pulver. All das soll den Muskelaufbau unterstützen, den Trainingserfolg beschleunigen und die kleinen Muskelfasern nach dem Training schneller regenerieren lassen. Nach dem Sport wird in jedem Fitnessstudio gerne ein Protein-Shake empfohlen. Hierbei kommt erstaunlicherweise kaum einer darauf, Muskelaufbau mit pflanzlichen Proteinen voranzutreiben. Die alte Regel, dass der menschliche Körper tierisches Protein besser aufschlüsseln kann, hält sich hartnäckig.

Das ist auch nicht grundsätzlich falsch, aber heutzutage meiner Meinung nach nicht mehr nachhaltig und zeitgemäß. Wie bei allem, was wir hier in diesem Buch besprechen, kommt es auf die Qualität an. Es geht darum, hochwertiges Eiweiß zu sich zu nehmen und das möglichst ohne viele Zusatz- und Giftstoffe. Wie wir inzwischen wissen, enthalten Pflanzen sehr viele Proteine, z. B. sind Hülsenfrüchte und Nüsse wahre Proteinbomben. Der Körper und das Bindegewebe werden durch pflanzliches Protein zudem noch definierter. In einer ausgewogenen und abwechslungsreichen, veganen, also rein pflanzlichen Ernährung, ist es zudem nicht möglich, zu wenig Eiweiß zu sich zu nehmen. Wir sollten langfristig an unsere Gesundheit denken. Jeder Mensch, ob Kraftsportler*in oder jemand, der mäßig Fitness betreibt, sollte langfristig an seine Gesundheit und auch die Umwelt denken. Hier stellt sich die Frage: »Ist tierisches Protein wirklich noch die beste Wahl?« Mittlerweile sollen, laut einer Studie des Schweizer Bundesamtes für Gesundheit, mit Abstand die meisten Giftstoffe, wie z. B. Pestizide, in tierischen Produkten enthalten sein. Tatsächlich sollen sich 92 %

aller Giftstoffe in tierischen Nahrungsmitteln befinden.

Das sind unter anderem:

- Antibiotika
- Beta-Blocker
- Lipidsenker
- Konservierungsstoffe
- Herbizide
- Pestizide
- Dioxide
- Bakterien und Viren
- Blut und Kot

Um ganzheitlich an dieses Thema heranzugehen, sollten wir bei der Auswahl unserer Nahrungsmittel Faktoren wie Lebensmittelproduktion, die Tierhaltung und auch die Umweltsituation berücksichtigen. Der Benefit für uns, unsere Gesundheit und unsere Umwelt ist dadurch groß und nachhaltig.

Da wir durch unsere »normale Ernährung« schon eine ordentliche Menge an Eiweiß zu uns nehmen, können und sollten wir auf Zusatzprodukte wie Protein-Shakes verzichten. Neben den oben genannten Stoffen enthalten viele dieser industriell gefertigten Proteinpulver viel zu viel Zucker oder Zuckerersatzstoffe und verschiedenste andere Zusatzstoffe, um sie schmackhaft zu machen. Ein Eiweiß-Shake ist am Ende nur noch ein reiner Chemie-Cocktail aus der Industrieküche und hat mit einem natürlichen Nahrungsmittel nichts mehr zu tun.

Mittlerweile gibt es ein großes Angebot an fertigen Eiweiß-Shakes, auch Formula-Diäten genannt, zu kaufen. Sie werden als Abnehm-Wundermittel gepriesen, die angeblich die Fettverbrennung ankurbeln und somit dafür sorgen sollen, dass die Pfunde purzeln. Wie ich schon ausgiebig in meinen Büchern »Detox – so easy« und »Easy Basenfasten« beschrieben habe, ist nicht jede Maßnahme zur Gewichtsabnahme zu empfehlen. Von einigen ist sogar dringend abzuraten. Wer also speziell durch Protein-Shakes abnehmen möchte, sollte wissen, dass der Körper nur mit einer ausgewogenen Ernährung Gewicht reduzieren und dieses dann längerfristig halten kann. Wenn Sie auf den ein oder anderen Shake trotzdem nicht verzichten möchten, dann achten Sie bitte auf die Auswahl, denn es gibt zahlreiche Qualitätskriterien zu berücksichtigen. Wichtig ist, dass man einen Shake nimmt, in dem viele Eiweiße und eventuell Fette vorhanden sind, aber wenig Kohlenhydrate und vor allem kein Zucker oder billige ungesunde Zuckerersatzstoffe. Ein qualitativ guter Eiweiß-Shake sollte höchstens 7 g Kohlenhydrate pro 100 g Pulver und einen Eiweißanteil von etwa 70 % aufweisen. Selbstverständlich sind auch hierbei die Herkunft und die Qualität des enthaltenen Eiweißes entscheidend. Wer auf viel Eiweiß setzt, ob zum Muskelaufbau oder zur Gewichtsreduktion, sollte immer daran denken, ausreichend Wasser zu trinken. Leider vernachlässigen Sportler*innen aus Unwissenheit oft den erhöhten Flüssigkeitsbedarf, sodass es zu erheblichen Nierenschäden kommen kann.

NATÜRLICHE PROTEIN-SHAKES

Hier gibt es gutes, natürliches, pflanzliches Eiweiß!

15 Gramm Protein

Roh-Kakao-Chiasamen-Shake

ZUTATEN
für 1 Portion:

50 g Cashewkerne
2 EL Chiasamen
1 EL Roh-Kakao
2 Datteln ohne Stein
150 ml Haferdrink

Die Cashewkerne 1–2 Stunden in Wasser einweichen. Das Einweichwasser abgießen. Alle Zutaten in den Hochleistungsmixer geben, mixen und servieren. Es kann nach Belieben Wasser aufgefüllt werden.

15 Gramm Protein

Banana-Hanf-Shake

ZUTATEN
für 1 Portion:

1 reife Banane
1 Eiswürfel (nach Belieben)
20 g Hanfsamen
2 Datteln (ohne Stein)
30 g Cashewbutter
½ TL Zimt
250 ml Haferdrink

Banane schälen, alles in den Mixer geben, pürieren und schon ist der Shake fertig.

15 Gramm Protein

Der »Beer« ist los!

ZUTATEN
für 1 Portion:

130 g gefrorene Beeren (nach Belieben Blaubeeren, Erdbeeren, Himbeeren, Brombeeren etc.)
20 g Hanfsamen
30 g Haferflocken
2 Datteln (ohne Stein)
250 ml Haferdrink

Alles in den Mixer geben, mixen und servieren.

Gramm Protein

Protein Power Shake

ZUTATEN
für 1 Portion:

1 reife Banane
2 Kiwi
5–6 Minzblätter
2 Datteln (ohne Stein)
400 g Seidentofu
250 ml gefiltertes Wasser

Das Obst schälen und den mittleren Strunk der Kiwi entfernen. Alles in den Mixer geben, mixen und servieren.

VITAMIN B_{12}

Sicherlich haben Sie sich schon gefragt, wann wir in diesem Buch endlich auf das Überthema der pflanzlichen Ernährung, das Vitamin B_{12}, zu sprechen kommen. Jetzt ist es so weit!

Wir essen mehr Fleisch denn je, und nie war Fleisch so billig und wenig wert wie heute (mehr zum Thema Fleisch finden Sie auf Seite 82). Die Deutsche Gesellschaft für Ernährung (DGE) rät zu einem moderaten Fleischkonsum und empfiehlt pro Woche nicht mehr als 300–600 g zu verzehren. Denn Fleisch in großen Mengen gilt möglicherweise als krebserregend, vor allem rote Sorten wie Schwein, Rind, Lamm und Ziege. Wird Fleisch verarbeitet, etwa geräuchert, gesalzen oder gepökelt, steigt das Risiko zusätzlich. Pro Jahr und Kopf aßen wir 1960 noch etwa 60 kg, heute sind es 100 kg pro Kopf und Jahr.

Das wichtigste Argument für viele Menschen, die nicht auf Fleisch verzichten wollen, sind die enthaltenen Vitamine der B-Gruppe und hier ganz besonders das Vitamin B_{12}. Es hat sich weitestgehend herumgesprochen, dass es gerade für Menschen, die sich pflanzlich ernähren wollen, sehr wichtig ist, das wasserlösliche Vitamin B_{12} nicht zu vernachlässigen. Tatsächlich befindet sich Vitamin B_{12} in hoher Verfügbarkeit in tierischen Produkten. Nun könnte man meinen, ein Vitamin-B_{12}-Mangel betrifft demnach nur Menschen, die kein Fleisch essen und sich rein pflanzlich ernähren. Aber nein! Viele, sogar die meisten Menschen, die einen Vitamin-B_{12}-Mangel haben, essen viel Fleisch oder tierische Produkte. Ja, Fleisch enthält zwar Vitamin B_{12}, aber eine fleischreiche Ernährung schädigt auf Dauer aufgrund einer Übersäuerung des Körpers die Magen- und Darmschleimhäute. (Die Übersäuerung des Körpers und die damit verbundenen Gesundheitsprobleme habe ich schon in meinen anderen Büchern »Detox – so easy« und »Easy Basenfasten« genau erklärt.) Das in der Nahrung befindliche Vitamin B_{12} kann dadurch früher oder später nicht mehr aufgenommen werden. Da nutzt es auch nichts, große Mengen an Fleisch, Fisch, Käse, Quark und Eiern zu essen.

Vitamin B_{12} ist ein Allround-Talent unter den Vitaminen und spielt eine entscheidende Rolle bei vielen Stoffwechselvorgängen in unserem Körper. Es ist wichtig für unser Nervensystem, die Blutbildung und -entgiftung sowie den Abbau von Fettsäuren. Darüber hinaus spielt B_{12} eine entscheidende Rolle im Folsäurestoffwechsel (Folsäure B9) und im Homocystein-Stoffwechsel. Ist dieser Stoffwechsel gestört, kann es zu Arteriosklerose (Arterienverkalkung) kommen. Vitamin B_{12} ist also wichtig. Wie kommt es nun, dass Menschen es zwar mit der Nahrung aufnehmen, aber im Körper nicht verwerten können? Es liegt wahrscheinlich an den geschädigten Magen- und Darmschleimhäuten. Hier kommt es also nicht nur auf die zugeführte Menge an Vitamin B an, sondern auch auf die Aufnahmefähigkeit. Notwendig ist, dass Magen- und Darmtrakt funktionsfähig sind. Nur mit intakten Schleimhäuten kann unser Körper Vitamin B_{12} überhaupt aufnehmen und verarbeiten.

Das A und O ist der sogenannte Intrinsic-Faktor. Vitamin B_{12} wird im Magen durch die Verdauung aus dem Essen freigesetzt und an spezielle Transporteiweiße gebunden. Eines davon ist eben dieser Intrinsic-Faktor, den der Körper auch für die Aufnahme von Vitamin B_{12} über die Darmschleimhaut benötigt. Bei Menschen, denen der Intrinsic-Faktor fehlt oder die an einer Gastritis oder entzündlichen Darmerkrankung wie Reizdarm, Leaky Gut Syndrom, Morbus Crohn leiden, kommt es häufig zu Mangelerscheinungen, weil der Darm nicht entsprechend aufnehmen und resorbieren kann. Es ist oft eine Schädigung im Magen-Darm-Trakt, die die Malabsorption (Aufnahmestörung) von Vitamin B_{12} verursacht und damit zu einer Unterversorgung führt. Hier ist es auch vergeblich, Vitamin-B_{12}-Präparate zu schlucken, da die Aufnahme blockiert ist. Das ist ein Zusammenspiel von vielen Faktoren. Eigentlich sind Mensch und Tier sogar in der Lage, Vitamin B_{12} selbst zu produzieren. Vitamin B_{12} sind streng genommen Mikroorganismen, also Bakterien, die durch das Essen aufgenommen werden. Aus diesen Mikroorganismen wird dann in den tiefen Darmregionen das B_{12} gebildet. Dieser Vorgang findet allerdings in einem Teil des Darms statt, wo keine Rückresorption ins Blut mehr stattfindet. Es kann somit vom Körper nicht mehr aufgenommen werden und wird mit dem Stuhl ausgeschieden. Da Weidetiere unter anderem Gras auf den Wiesen fressen, auf denen sie auch ihren Kot abgelassen haben (nennen wir es Dünger), nehmen sie so einen Teil ihres produzierten Vitamin B_{12} wieder auf. Wir Menschen könnten unseren Bedarf vielleicht auch auf diese Weise abdecken, aber wer will das schon?

Die Aufnahme des Vitamins beim Menschen durch pflanzliche Kost wäre eigentlich kein Problem. Aber heutzutage kommt unser Gemüse aus der »konventionellen Landwirtschaft« oder ist Kulturgemüse. Zudem werden fast alle Produkte akribisch geputzt und abgewaschen. Das wertvolle Vitamin B_{12} geht dann oft schon kaputt. Eine gute Alternative hierzu sind deswegen selbst gesammelte Wildkräuter.

Da die Nutztiere in der Massentierhaltung keine Weidetiere sind und nicht mit dem Grasen auf der Weide und mit natürlicher Nahrung in Kontakt kommen, nehmen sie auch ihre selbst produziertes Vitamin B_{12} nicht wieder auf. Diese Tiere bekommen Vitamin B_{12} als Supplement in ihr Futter. Ja, Vitamin B_{12} wird auch den Tieren in der Viehzucht im Futter künstlich beigesetzt, und nur deshalb ist es überhaupt noch in tierischen Produkten enthalten. Das Argument, eine pflanzliche Ernährung wäre nicht gesund wegen des eventuellen Vitamin B_{12}-Mangels, ist somit etwas abgeschwächt. Es wird immer wieder folgende Frage gestellt: »Wie kann eine Ernährung gesund sein, die nur mit der Zufuhr von Vitaminpräparaten funktionieren kann?« Genau mit eben diesen Präparaten, die oft als unnatürlich beschrieben werden, wird das Futter der Nutztiere ergänzt. Das B_{12} im Fleisch stammt somit in etwa 98 % der Fälle nicht vom Tier selbst (mehr zum Thema Fleisch finden Sie auf Seite 82).

Durch Milchsäuregärung haltbar gemachtes Gemüse (= fermentiert) entwickelt ebenfalls Vitamin B_{12}. Die hierbei entstehende Menge soll aber für eine alleinige Versorgung und Bedarfsdeckung zu gering sein. (Zum Thema Fermentieren habe ich ein extra Kapitel im Buch »Easy Basenfasten« geschrieben.) Unvergorene, pflanzliche Lebensmittel wie Spirulina enthalten B_{12} lediglich in analoger Form. Neue Studien weisen darauf hin, dass es vielleicht doch möglich ist, den Vitamin-B_{12}-Bedarf durch eine rein pflanzliche Ernährung und ohne Supplementierung oder den Konsum angereicherter Lebensmittel zu decken. Untersucht wurde der Vitamingehalt verschiedener Lebensmittel, um herauszufinden, welche Pflanzenart uns ausreichend bio-aktives Vitamin B_{12} liefern kann. Bei getrockneten Shiitake-Pilzen, die in den Analysen noch relativ viel Vitamin B_{12} enthielten, müssten jeden Tag 50 g verzehrt werden, um eine ausreichende Vitamin-B_{12}-Versorgung zu ermöglichen – auch nicht optimal und praktikabel. Aber es scheint eine Ausnahme zu geben, und zwar in Form der getrockneten Nori-Alge. Sie spielt eine wichtige Rolle in der japanischen Küche und mittlerweile auch in meiner. Noriblätter werden unter anderem verwendet, um Sushi herzustellen. Im Rezeptteil dieses Buches werden Sie ein paar Anregungen zur Verarbeitung von Nori (Algenblättern) finden.

Nach den aktuellen Befunden würde der tägliche Konsum von 4 g Nori-Algen genügen, um eine ausreichende Vitamin-B_{12}-Versorgung zu sichern. Zusätzlich ist getrocknete Nori eine wertvolle Quelle von Eisen und mehrfach ungesättigten Fettsäuren. Auch die Chlorella-Alge scheint bio-verfügbares B_{12} zu enthalten. Selbst wenn wir das Vitamin B_{12} nicht in ausreichender Form bio-verfügbar für unseren Organismus durch pflanzliche Lebensmittel zu uns nehmen könnten, können wir es supplementieren. Millionen Deutsche schlucken Vitaminpräparate in dem Glauben, ihre Gesundheit zu verbessern und sich etwas Gutes zu tun. Da wird Vitamin C, E, A, Zink, Magnesium, Kalzium, Eisen, Selen und so weiter in Kapselform oder als Brausetablette geschluckt und geschlürft, obwohl wir diese ganzen Spurenelemente, Mineralien und Vitamine mit einer ausgewogenen, frischen Ernährung aufnehmen könnten. Aber beim Vitamin B_{12} weigern wir uns und finden es unnatürlich, es zu supplementieren. Das sollten wir überdenken. Für mich ergibt es durchaus mehr Sinn, gleich bei uns zu supplementieren, anstatt das beim Tier supplementierte B_{12} in Zweitverwertung zu verspeisen.

GANZ KURZ AUS DEM NÄHKÄSTCHEN GEPLAUDERT: HIER MEIN BLUTBILD.

Ich esse seit elf Jahren kein Fleisch mehr und ernähre mich seit neun Jahren pflanzlich. Es ist für mich als Person, aber auch als ganzheitliche Ernährungsberaterin sehr wichtig, meine Blutwerte regelmäßig zu kontrollieren. Ich möchte schließlich wissen, ob meine Ernährungsweise zu Mangelerscheinungen führt oder nicht. Warum ich das erwähne? Weil ich einen sehr guten Vitamin-B_{12}-Spiegel habe. Nicht nur das. Meine Ärztin war völlig von den Socken, als sie mein Blutbild in den Händen hielt. Die Werte sind so beeindruckend gut, dass sie mich beglückwünschte mit den Worten, dass ich mit meiner Ernährungsform den richtigen Schlüssel gefunden habe, mich optimal zu versorgen. Ich supplementiere nichts und hole mir meine ganzen Nährstoffe aus einer abwechslungsreichen, frischen und modernen Ernährungsweise.

Patient: Sokol, Andrea, Geburtsdatum: 04.06.1968, Geschlecht: weiblich

Testbezeichnung	Normwert	Probe 1	Probe 2
Vitamind D (25-OH)	* 30–60 (ng/ml)		31.3
HoloTC (akt. Vit. B12) (5)	* >= 50 (pmol/l)	114.5	
Serumbeurteilung IKTERUS			+
Vorhandene Materialien:		Vollblut	Vollblut
Eisen	* 50–134 (µg/dl)	119	
Ferritin	* 20–150 (ng/ml)	45	
Transferrin	250–380 (mg/dl)	252	
Transferrin-Sättigung	16–45 (%)	34	
Bilirubin	* 0.3–1.1 (mg/dl)	0.85	
Bilirubin direkt	<= 0.2 (mg/dl)	0.27 (+)	
Bilirubin indirekt	<= 0.7 (mg/dl)	0.58	
TSH 1	* 0.55–3.77 (µU/ml)		2.84
Freies T3	* 2.3–4.2 (pg/ml)		3.49
Freies T4	* 0.93–1.71 (ng/dl)		1.32
KLEINES BLUTBILD		Für dies	

KOHLENHYDRATE: DER ZWEITE TEIL UNSERES ERNÄHRUNGSKREISES

Keine Angst vor »guten« Kohlenhydraten und Finger weg von »schlechten«. Einerseits funktioniert unsere Sprache ja ganz gut. Wir können damit Gefühle zum Ausdruck bringen, Dinge erklären und Informationen weiterleiten. Andererseits benutzen wir für viele Dinge auch Oberbegriffe, die teilweise sehr verallgemeinernd und nicht präzise genug eingesetzt werden. Dafür sind Kohlenhydrate ein sehr gutes Beispiel. Sie sind nämlich viel besser als ihr Ruf, und es gibt viele verschiedene. Leider werden sie meistens in einen Topf geworfen, dabei sollte eine ausgewogene Ernährung zu 55 % aus Kohlenhydraten bestehen.

Unsere Nahrung liefert Kohlenhydrate in vielfacher Form:

Einfachzucker = Monosaccharide wie z. B. Traubenzucker (Glukose) oder Fruchtzucker (Fruktose)

Zweifachzucker = Disaccharide wie z. B. Haushaltszucker, bestehend aus je einem Molekül Fruktose und Glukose

Mehrfachzucker = Oligosaccharide wie z. B. Maltodextrin

Vielfachzucker = Polysaccharide wie z. B. Stärke in Nudeln, Brot oder Kartoffeln.

Kohlenhydrate sind für unseren Körper enorm wichtig. Das Gehirn kann seine benötigte Energie ausschließlich aus Kohlenhydraten gewinnen. Sie werden im Körper bis zum Einzelbaustein Glukose abgebaut, der dann über den Blutstrom ins Gehirn gelangt. Die zugeführten Kohlenhydrate werden von den Nervenzellen des Gehirns in Energie umgewandelt. Der Einfachzucker kann sehr schnell verwertet werden, weil er nicht mehr aufgespalten werden muss. Unterschiedlich komplexe Kohlenhydrate werden verschieden schnell vom Körper aufgenommen. Längere oder komplexere Kohlenhydrate müssen erst in Einfachzucker gespalten werden. Je länger ein Kohlenhydrat ist, desto langsamer gelingt diese Aufspaltung in Einfachzucker und desto langsamer wird es aufgenommen. Hängen viele Einfachzucker aneinander, bilden sie eine lange Kette. Aus vielen Zuckerketten kann sich ein Netz bilden, wiez. B. Stärke. Während der Verdauung werden Stück für Stück alle Bindungen zwischen den Einfachzuckern aufgelöst und aufgespalten. Dieser komplexe Verdauungsprozess dauert ziemlich lang und die durch Aufspaltung entstehenden Einfachzucker werden langsam Schritt für Schritt ins Blut abgegeben. Für Menschen mit Typ-2-Diabetes sind langkettige Kohlenhydrate deswegen oft günstiger, da sie eine weniger hohe Insulinausschüttung bewirken als Einfachzucker, die quasi purer Brennstoff sind. Sie gehen sofort ins Blut und bewirken eine rasche und hohe Insulinausschüttung. Dadurch ist die Bauchspeicheldrüse schnell gestresst. Bei langkettigen Kohlenhydraten hingegen werden die Zuckerketten langsam aufgebrochen, und es kommt zu gemäßigteren Insulinausschüttungen, die zu stabileren Blutzuckern führen, die gerade für Diabetiker deutlich gesünder sind.

Kohlenhydrate sind nicht gleich Kohlenhydrate. Wir teilen hier aber nicht nur in gut und schlecht ein, sondern auch in komplex und einfach. Finger weg von leeren Kalorien und Mund auf für gute Kohlenhydrate!

GUTE KOHLENHYDRATE

»Gute« mehrkettige, langkettige oder auch komplexe Kohlenhydrate versorgen unseren Körper sowohl mit viel Energie als auch mit Vitaminen sowie Ballast- und Mineralstoffen. Der entscheidende Unterschied: Komplexe Kohlenhydrate können nicht sofort vom Körper in Glukose umgewandelt werden. Deshalb halten sie uns über einen längeren Zeitraum satt. Und jetzt kommt das Argument gegen eine Low-Carb-Diät, wenn man diese als Verzicht auf alle Arten an Kohlenhydrate versteht, auch auf die guten: Die komplexen Kohlenhydrate kurbeln unsere Verdauung an und halten den Blutzuckerspiegel lange auf einem konstanten Niveau. Dadurch helfen sie sogar bei einer Gewichtsreduzierung. Ich halte nichts von Low Carb im Allgemeinen. Ganz im Gegenteil, ich bin sogar für eine High-Carb-Ernährung, aber eben nur mit den »guten« Carbs. Von Einfach-, Zweifach- und Mehrfachzucker rate ich ab. Polysaccharide hingegen sind sehr wichtig für unsere Ernährung, da wir sie für unsere Leistungsfähigkeit und Gesundheit brauchen. Der größte Teil der Energie, die wir durch Kohlenhydrate zuführen, geht für den Grundumsatz unseres Körpers, also Atmung, Herzschlag, Stoffwechsel, Hirntätigkeit und mehr drauf. Den genauen Verlauf unseres Zuckerstoffwechsels habe ich in meinen Büchern »Detox – so easy« und »Easy Basenfasten« beschrieben. Hier sind ein paar qualitativ hochwertige Kohlenhydrate, die absolut nicht dick machen.

Quinoa

Quinoa liefert hochwertige Nährstoffe und Kohlenhydrate und ist ein wahres Juwel. Der Samen dieses Pseudogetreides enthält viele erstklassige Proteine sowie alle acht essenziellen Aminosäuren, viel Eisen, Magnesium und Vitamine. Zudem ist das köstliche Korn auch noch glutenfrei.

Haferflocken

Bei Haferflocken handelt es sich um komplexe, also gesunde Kohlenhydrate. Der Mix aus wertvollen Ballaststoffen, Eiweißen und ungesättigten Fettsäuren macht die Haferflocken so wertvoll. Sie sind damit nicht nur günstig und nahrhaft, sondern halten lange satt. Darüber hinaus haben sie noch viele weitere positive Auswirkungen auf unsere Gesundheit.

Süßkartoffel

Dieser süße Erdapfel trägt seinen Namen nicht ohne Grund. Die Süßkartoffel enthält mehr Zucker als eine normale Kartoffel, weshalb sie so süß schmeckt. Auch ihr Anteil an Kohlenhydraten ist höher als bei der herkömmlichen Speisekartoffel. Dafür bringt die süße Variante mehr Ballaststoffe und Proteine mit. Ihr glykämischer Index sowie ihre glykämische Last sind deutlich niedriger als bei normalen Kartoffel-Kohlenhydraten. Sie sättigt länger und lässt den Blutzucker nicht sprunghaft ansteigen.

Bohnen

Bohnen enthalten langkettige Kohlenhydrate, die den Blutzuckerspiegel durch ihre schrittweise Absorption in den Dünndarm konstant halten. Darüber hinaus bieten sie andere gesunde Inhaltsstoffe, vor allem B-Vitamine und höhere Mengen an Eisen, Kalium, Phosphor und Magnesium, die unseren Stoffwechsel unterstützen.

Hirse

Dieses Urgetreide ist der Mineralstoff-Überflieger unter den Getreidesorten. Eisen, Fluor, Schwefel, Phosphor, Magnesium, Kalium und Silizium sind nur einige der Inhaltsstoffe. Hirse ist so gesund und hat eine Menge positive Auswirkungen auf unsere Knochen, Gelenke, Haare und Haut. Das Getreide ist glutenfrei und somit auch für einen empfindlichen Darm gut verträglich.

Bananen

Sehr reife Bananen enthalten einen hohen Anteil Einfachzucker (=schnelle Energiezufuhr). Leicht grünliche Bananen hingegen haben einen höheren Anteil an langkettigen Kohlenhydraten. Hier ist also der Reifegrad verantwortlich für die Art des Zuckers. Bananen sind bei vielen Sportlern sehr beliebt als Zwischensnack und das zu Recht. Sie sind leicht verdaulich und liefern schnell Energie. Außerdem enthalten sie einen wichtigen Mix aus Mineralstoffen, Vitaminen und Neurotransmittern wie Serotonin, Dopamin und Noradrenalin.

NICHT ZU EMPFEHLENDE KOHLENHYDRATE

Schlechte Kohlenhydrate auf den ersten Blick zu erkennen ist nicht leicht. Wir wissen nicht, was in unseren Nahrungsmitteln drin ist. Vielen Fertigprodukten wird massenhaft Zucker zugesetzt. Das Verheerende dabei ist, dass man von den meisten Produkten gar nicht denken würde, dass Zucker in solch großen Mengen zugesetzt wurde, wie z. B. in fertigen Dips, Desserts, Fruchtjoghurts, Säften, Limonaden, Knabbergebäck und Fertigsaucen. Man spricht hier auch von »verstecktem Zucker«. Aber natürlich gehören auch Nahrungsmittel wie Teig- und Backwaren aus Zucker und Weißmehl, gesüßte Getränke (Softdrinks/Energydrinks), Süßigkeiten, Ketchup oder andere Fertigprodukte mit hohem Zuckeranteil in diese Kategorie.

Die Folgen des Konsums schlechter Kohlenhydrate und deren gesundheitliche Auswirkungen zeigen mittlerweile viele Studien auf. Der Verzehr von raffiniertem Zucker, also schlechten Kohlenhydraten, steht in direktem Zusammenhang mit Gesundheitsproblemen. Diese schlechten Kohlenhydrate verursachen massive Blutzuckerschwankungen, die zu Heißhungerattacken führen, welche wiederum die Lust auf noch mehr Kohlenhydrate wecken und damit zu noch mehr Konsum ungesunder, zuckerreicher Lebensmittel führen. Stärkeres Übergewicht ist vorprogrammiert. Außerdem führen raffinierte Kohlenhydrate über einen längeren Zeitraum zu einem Vitalstoffmangel. Nahrungsmittel, die reich an raffinierten Kohlenhydraten sind, sind meist arm an essenziellen Nährstoffen. Wir sprechen dann von »leeren Kalorien«. Sie können also eine riesige, deftige Mahlzeit zu sich nehmen, die ihre Verdauung mächtig beschäftigt, während die Nährstoffzufuhr gleich null ist. Unser Körper braucht aber alle Nährstoffe. Um diese zu bekommen. vermittelt er uns noch ein zusätzliches Hungergefühl. Wir haben also nach der deftigen Mahlzeit relativ rasch wieder Hunger. Wenn wir dann wieder nur leere Kalorien zuführen, geht der Teufelskreis immer weiter. Aus diesem müssen wir uns befreien.

Wir müssen unseren Körper umprogrammieren. Geben wir ihm die richtige Kost, bestehend aus guten Lebensmitteln, brauchen wir viel weniger, weil wir schneller satt sind und unserem Körper das zugeführt haben, was er braucht. Insgesamt sind wir dann viel zufriedener und auch gesünder.

DER GLYX-INDEX – DER WEG INS BLUT

In diesem Zusammenhang ist es hilfreich, die Kohlenhydrate nach ihrem glykämischen Index (wird oft mit »Glyx« abgekürzt) einzuteilen. Dieser Index ist ein Maß zur Bestimmung der Wirkung eines kohlenhydrathaltigen Nahrungsmittels auf den Blutzuckerspiegel. Je höher dieser glykämische Index ist, desto schneller gehen die Kohlenhydrate ins Blut. Glukose hat einen hohen Glyx von 100, geht also sofort ins Blut. Dazu im Vergleich der Glyx einiger Lebensmittel:

- Bananen und Haferflocken = Glyx von 55
- Karotten = Glyx von 47
- Äpfel = Glyx von 3
- Linsen = Glyx von 30
- Erdnüsse = Glyx von 14

Ein niedriger glykämischer Index ist gut für das Herz und den Kreislauf und macht uns länger leistungsfähig und auch ausdauernder im Sport.

FETT: DER DRITTE TEIL UNSERES ERNÄHRUNGSKREISES

ÖL IST NICHT GLEICH ÖL

Nachdem wir schon über die Kohlenhydrate und Eiweiße gesprochen haben, gilt nun unsere Aufmerksamkeit dem Fett. Der Anteil der Fette in unserer ausgewogenen Ernährung sollte laut der American Heart Association (AHA), einer Organisation für Prävention und Therapie von kardiovaskulären Erkrankungen, nicht mehr als 30 % betragen. Fett ist ein Geschmacksträger und hat mehr als doppelt so viele Kalorien wie Kohlenhydrate und Eiweiße. Darum sollte man es sparsam verwenden.

WAS FETT GUTES FÜR UNS LEISTET

Geschmack

Fett ist Träger von Geschmacks- und Aromastoffen und öffnet die Geschmacksknospen auf der Zunge. Darum schmecken fetthaltige Nahrungsmittel einfach gut.

Vitamine

Außerdem kann der Körper die fettlöslichen Vitamine A, D, E und K nur mithilfe von Fett aufnehmen und benötigt die sogenannten essenziellen Fettsäuren für lebenswichtige Körpervorgänge. Fett in Maßen ist also keinesfalls ungesund.

Energie/Speicher/Reserve

1 g Fett enthält 9,3 Kilokalorien (kcal). Das sind mehr als doppelt so viele Kalorien wie in Kohlenhydraten und Eiweiß, deren Brennwert bei 4 kcal/g liegt. Fett hat von allen Makronährstoffen den höchsten Brennwert. Die Fettsäuren können in den meisten Zellen zu Energie verbrannt werden. Außerdem kann überschüssiges Fett in den Fettzellen gespeichert werden und dient dem Körper als Reserve für schlechte Zeiten. In der Evolutionsgeschichte war das ein entscheidender Überlebensvorteil. Heute dagegen führt die Überversorgung zu großen Fettdepots, die dauerhaft erhalten bleiben und nicht mehr als Energiereserven in schlechten Zeiten verbraucht werden. Glücklicherweise gibt es in den meisten Ländern der Erde keine längeren Hungerphasen mehr.

Schutzfunktion

Fett dient als mechanischer Schutz für Organe wie Nieren, Leber und Gehirn. Fett ist sozusagen ein Innenpolster des Körpers. Außerdem werden Fette zur Wärmeschutzfunktion benötigt.

GESÄTTIGTE UND UNGE-SÄTTIGTE FETTSÄUREN

Das mit der Nahrung aufgenommene Fett besteht überwiegend aus Triglyzeriden. Das bedeutet, dass drei Moleküle Fettsäuren an ein Molekül Glyzerol gebunden sind. Was hat das nun alles auf sich mit den Fettsäuren? Man unterscheidet gesättigte, einfach ungesättigte und mehrfach ungesättigte Fettsäuren, die wiederum in Omega-3- und Omega-6-Fettsäuren unterteilt werden.

Gesättigte Fettsäuren stecken überwiegend in Nahrungsmitteln tierischer Herkunft. Sie lieferten dem Körper ursprünglich Energie. Heute wissen wir, dass wir diese Energie auch durch eine pflanzliche Ernährung bekommen können. Gesättigten Fettsäuren aus tierischen Quellen stehen in direktem Zusammenhang mit Fettstoffwechselstörungen. Sie erhöhen den Cholesterinspiegel, die Blutfette und vor allem das LDL-Cholesterin. Erhöhtes LDL-Cholesterin zählt zu den Auslösern von Arteriosklerose sowie Herz-Kreislauf-Erkrankungen, Herzinfarkten oder Schlaganfällen. Im Volksmund wird dieser Cholesterinwert deswegen auch als das »schlechte« Cholesterin bezeichnet. Der Anteil gesättigter Fettsäuren sollte grundsätzlich weniger als ein Drittel der aufgenommen Fette betragen. In Wirklichkeit ist der Anteil wegen der vielen tierischen Nahrungsmittel und der Masse an Fertiggerichten, die gegessen werden, viel höher.

Ausnahmen bestätigen die Regel: Kokosfett hat zwar einen hohen Anteil an gesättigten Fettsäuren, da es aber zu einem größeren Teil aus mittelkettigen Fettsäuren besteht, wird es als eher gesundheitsfördernd eingestuft.

Einfach ungesättigte Fettsäuren sind vor allem in pflanzlichen Lebensmitteln zu finden. Zu den besten Quellen zählen Nüsse, Olivenöl, Rapsöl, Avocado, Samen und Sprossen. Diese einfach gesättigten Fettsäuren benötigen wir für die Funktion unserer Zellmembranen. Außerdem haben Sie einen günstigen Einfluss auf den Fettstoffwechsel.

Mehrfach ungesättigte Fettsäuren, auch essenzielle Fettsäuren genannt, müssen mit der Nahrung aufgenommen werden, da der Körper sie nicht selber herstellen kann. Sie erfüllen wichtige Funktionen in unserem Körper. Unter anderem tragen sie zu einem gesunden Cholesterinspiegel bei und senken das LDL-Cholesterin. Zudem sind die mehrfach ungesättigten Fettsäuren an unserem Zellstoffwechsel beteiligt. Die essenziellen Omega-3- und Omega-6-Fettsäuren haben aufgrund ihrer räumlichen Struktur positive Auswirkungen auf die Flexibilität und Geschmeidigkeit der Zellmembranen. Insbesondere für unsere Gehirntätigkeit und die Nervenzellen ist das ein wichtiger Faktor. Omega-3-Fettsäuren (Alpha-Linolensäuren ALA) sind in pflanzlichen Ölen wie Leinöl und Rapsöl enthalten, aber auch in Meeresalgen. Hierbei kommt es allerdings auf die Qualität an. Bitte denken Sie immer daran, Ihre Öle direkt von kleinen Ölmühlen zu beziehen.

Weitere gesunde Wirkungen von Omega-3-Fettsäuren sind:

- Vorbeugung von Erkrankungen des Herz-Kreislauf-Systems und Diabetes
- positiver Einfluss auf entzündliche Erkrankungen wie rheumatoide Arthritis
- positiver Einfluss auf depressive Verstimmungen
- positiver Einfluss auf die Schwangerschaft (Mutter und Kind)
- Verringerung des Risikos, an Demenz oder Alzheimer zu erkranken
- Die Rolle der Omega-3-Fettsäuren bei der Vorbeugung und Entstehung von Krebs wird diskutiert.

Omega-6-Fettsäuren sind vor allem in Sonnenblumen-, Traubenkern- oder Weizenkeimöl enthalten. Wichtig ist, dass Omega-3- und -6-Fettsäuren im richtigen Verhältnis aufgenommen werden. Das heißt konkret, dass maximal fünfmal so viele Omege-6- wie Omega-3-Fettsäuren auf dem Speiseplan stehen sollten. Im Allgemeinen enthält unsere heutige Ernährung deutlich mehr Omega-6- als Omega-3-Fettsäuren – das reale Verhältnis liegt im Durchschnitt bei 20:1. Auch hier sollten wir also wieder ein gesundes Maß finden. Omega-6-Fettsäuren in zu hohen Dosen werden zu den entzündungsfördernden Stoffen gezählt, während Omega-3-Fettsäuren den entzündungshemmenden Stoffen zugeordnet werden. Der Konsum der richtigen Mengenverhältnisse spielt also eine bedeutende Rolle bei der Vorbeugung von Entzündungen im Körper und der Vermeidung von Krankheiten wie Arteriosklerose, Blutdruckentwicklung, Diabetes, rheumatischen Entzündungen und Allergien. Hier schließt sich wieder der Kreis, denn diese hier aufgezählten Erkrankungen sind die bereits erwähnten Zivilisations- oder Wohlstandskrankheiten. Wenn beide Fettsäuren im richtigen Verhältnis aufgenommen werden, bedeutet es, dass der weitere Stoffwechsel im ausgewogenen Verhältnis abläuft. Das ist eine wichtige Voraussetzung für eine optimale Zellerneuerung und Gesundheit.

DIE SPURENELEMENTE JOD UND SELEN

Wenn wir über eine ausgewogene Ernährung mit allen wichtigen Nährstoffen, Mineralien und Spurenelementen sprechen, sollten wir Jod auf keinen Fall auslassen. Jod ist ein wichtiges, ja sogar lebenswichtiges Spurenelement. Es ist unentbehrlich für eine gesunde Schilddrüse. Ein Drittel der Erwachsenen in Deutschland leidet an krankhaften Veränderungen der Schilddrüse. Hierbei ist wichtig zu wissen, dass sowohl zu viel als auch zu wenig Jod krank macht. 30 % der Deutschen haben einen moderaten Jodmangel, welcher allerdings nicht unbedingt ein Problem der pflanzlichen Ernährung ist.

Das Spurenelement Jod kann der Körper nicht selber bilden, es wird aber benötigt, damit unser Körper die Herstellung der Schilddrüsenhormone Thyroxin (T4) und Trijodthyronin (T3) gewährleisten kann. Diese Schilddrüsenhormone sind für unseren Organismus und Stoffwechsel unverzichtbar. Die Schilddrüse liegt im Bereich des Halses, etwas unterhalb des Kehlkopfes, vor und zu beiden Seiten der Luftröhre. Man kann sie sich am ehesten in Form eines Schmetterlings vorstellen. Unsere Stoffwechsellage und viele Körperfunktionen werden über die Schilddrüse gesteuert. Die beiden Botenstoffe Thyroxin (T4) und Trijodthyrin (T3) regulieren den gesamten Stoffwechsel. Sie haben Einfluss auf nahezu alle wichtigen Organe und deren Funktionen. Sie steuern den Energieumsatz und bestimmen, ob der Stoffwechsel auf Hochtouren oder doch eher auf Sparflamme läuft. Abhängig davon ändert sich der Grundumsatz, und Kohlenhydrate, Fette und Eiweiße werden schneller oder langsamer verstoffwechselt.

Genau deshalb finde ich es so wichtig, all diese Dinge und Abläufe in unserem Körper zu verstehen und in einen Zusammenhang zu bringen. Und ist es nicht beeindruckend, dass wir das alles mit unserer Ernährung beeinflussen können? Wenn Sie z. B. Probleme mit Ihrem Gewicht haben, hängt es vielleicht nicht nur davon ab, was Sie essen, sondern wie Ihr Körper das Essen verwertet und abbaut, also verstoffwechselt. Ein regelmäßiger Check-up mit Bluttests, in dem Ihr TSH 1 (freies T3, freies T4) bestimmt wird, wäre zu empfehlen.

> Nachdem bei mir eine Unterfunktion bemerkt wurde, lasse ich meine Werte regelmäßig kontrollieren. Ich habe meine Ernährung gezielt umgestellt. Die Werte erholen sich und mein Gesamtzustand hat sich enorm verändert. In Abstimmung mit meiner Ärztin habe ich mich dafür entschieden, keine T3- und T4-Medikamente zu nehmen. Mein TSH 1: 2015 bei 4.14; 2017 bei 3.62; 2019 bei 2.84.

Ein Tipp: Beschäftigen Sie sich mit Ihren Organen, suchen Sie sich einen Arzt/eine Ärztin Ihres Vertrauens, lassen Sie sich Zusammenhänge erklären und stellen Sie Ihre Ernährung um. Auch die Körpertemperatur, der Mineralstoff- und Wasserhaushalt hängen von der Schilddrüsenfunktion ab. Von unserem Metabolismus, so wird der Stoffwechsel auch genannt, hängt noch viel mehr ab. Zum Beispiel Herz-, Kreislauf-, Magen- und Darmfunktion, Nerven und Muskeln. Aber auch unsere Persönlichkeit, unser seelisches Wohlbefinden, Stimmungsschwankungen, unser Antrieb, Sexualität sowie Fruchtbarkeit und sogar das Wachstum von Haut, Haaren und Nägeln hängen davon ab. In der Medizin wird Jod als Desinfektionsmittel verwendet. Bestimmt kennen Sie die orange-rot-braunen Lösungen wie z. B. »Betaisodona« Ähnlich arbeitet das Jod auch in der Schilddrüse und reinigt dort unter anderem unser Blut. In etwa 1,5 Stunden fließt das gesamte Blut eines Menschen einmal durch die Schilddrüse. Damit ist sie etwa vier- bis fünfmal stärker durchblutet als andere Organe wie beispielsweise die Nieren. Die kleine Schilddrüse leistet Großes: Ihre Botenstoffe sorgen für normales Wachstum, stabile Knochen und eine gesunde Gehirnentwicklung.

Auch hier sollten wir wieder das große Ganze sehen und nicht nur einen einzelnen Stoff, sondern die Wirkung auf unser komplettes Wohlbefinden. Vonseiten der WHO (World Health Organization = Weltgesundheitsorganisation) wird geschätzt, dass weltweit etwa 750 Millionen bis 1 Milliarde Menschen von Jodmangel betroffen sind. Hauptursachen für Jodmangel sind jodarme Böden und die jodarme Agrarproduktion. Gemüse und Fleisch aus Deutschland enthalten also zu wenig Jod. Schon immer waren Regionen wie z. B. die Alpenländer von Jodmangel betroffen, denn man setzte für die Jodversorgung immer auf den Konsum von Seefisch, der hier eher gering ausgeprägt war.

Nun stellt sich aber die Frage, ob Seefisch eine wirkliche Lösung des Problems sein könnte. Nach Angaben der WHO gelten mehr als die Hälfte aller Fischbestände als bis an die biologische Grenze befischt. Weitere 30 % sind bereits völlig erschöpft. In den europäischen Fanggebieten ist die Situation noch dramatischer. Im Mittelmeer gelten beispielsweise 93 % der Bestände als überfischt. Aufgrund der Überfischung unserer Meere ist der Verzehr von Seefisch zur Jodzufuhr wohl keine Lösung für so viele Menschen auf unserem Planeten. Halten wir uns vor Augen, dass in den 1950er-Jahren der Reichtum der Meere nahezu unerschöpflich war. Haben wir es innerhalb weniger Jahrzehnte geschafft, die Bestände der wichtigsten Speisefische bis auf einen Bruchteil der früheren Fülle zu reduzieren? Das Ausmaß der Katastrophe wird langsam, aber sicher auch der Politik und der Fischerei-Industrie selbst bewusst. Der technische Fortschritt erobert nicht nur die Kontinente, sondern auch unsere Meere. Immer größere, industrielle Fangschiffe mit immer größeren Motoren können viel größere Netze ausbringen und befüllen. Nach Berechnungen des UN-Umweltprogramms Unep ist spätestens 2050 weltweit keine kommerzielle Fischerei mehr möglich.

Auch hier ist die einzige Lösung: Weniger ist mehr. Das wäre der nachhaltige Fischfang, damit sich der Fischbestand erholen kann. Die Deutsche Gesellschaft für Ernährung (DGE) empfiehlt mindestens eine Fischmahlzeit pro Woche. Seefisch galt wegen seines hohen Anteils an mehrfach ungesättigten Fettsäuren und seinen Vitaminen, Mineralstoffen und Spurenelementen – vor allem Jod – lange als wertvolles Lebensmittel. Rund 15 kg Fisch verzehrt jeder Bundesbürger statistisch pro Jahr, Tendenz steigend. Meiner Meinung nach besteht eine Diskrepanz zwischen der Menge an verzehrtem Meeresfisch pro Bundesbürger*in und der Menge an Menschen, die einen Jodmangel haben. Es könnte also sein, dass es nicht auf die Menge ankommt, sondern auf die körperliche Fähigkeit, Jod aufzunehmen.

Generell ist die Bioverfügbarkeit von Jod bei über 90 %, was wirklich großartig ist. Es gibt aber auch einige Studien zu Bioziden, Schwermetallen und anderen Industriegiften, die direkt mit der Aufnahme von Jod in Verbindung stehen. Inwieweit wird die Aufnahme von Jod dadurch reduziert und blockiert? Wie bei allem – es kommt nicht auf die Menge, sondern auf die Qualität an! Bei Raucher*innen z. B.wird die Aufnahme von Jod behindert oder verfälscht und damit auch die Verfügbarkeit von Jod für unsere Schilddrüse. Grund dafür ist die durch das Rauchen bedingte erhöhte Thyozyanat-Konzentration im Blut. Diese Substanz verringert die Jodaufnahme der Schilddrüse und fördert somit bei einer ohnehin schon knappen Jodversorgung die Kropfbildung zusätzlich.

Nitrat aus Lebensmitteln oder Trinkwasser behindern ebenfalls die Jodaufnahme, genauso wie Kaffee und Tee. Also achten Sie auf gute und reine Jodquellen, die Qualität macht hier den Unterschied. Mit Fischen allein könnte man den Bedarf an Jod jedoch auch nicht ausreichend decken. Um beispielsweise 13,8 µg Jod zu sich zu nehmen, müsste man 5 bis 10 kg Fisch pro Tag konsumieren. Wir sollten neue Möglichkeiten auf unseren Speiseplan etablieren – hierzu habe ich verschiedene Rezepte für Sie in diesem Buch entwickelt.

Um die Bevölkerung nicht in einen Jodmangel geraten zu lassen, wurde vor etwa 30 Jahren Jodsalz eingeführt. Man findet es zwar überall im Supermarkt, es ist aber industriell bearbeitetes Salz, das mit meist chemisch aufbereitetem Jod angereichert wird. Wenn dieser Zusatz funktionieren würde, dürfte eigentlich kaum jemand einen Jodmangel haben, denn diese Salze werden flächendenkend eingesetzt. Natürliches Jod kann der Körper besser verwerten. Jod ist nicht gleich Jod, das ist hier so wie bei allen Nährstoffen. Tatsächlich ist Jod nichts Künstliches. Das natürliche Element kommt in der Natur und im Körper von Menschen und Tieren vor. Es scheint so zu sein, dass natürliches Jod besser wirkt, weil der Körper natürliche Dinge besser erkennen und verstoffwechseln kann. Es wurde auch ein großer Unterschied zwischen der Jodaufnahme durch mit industriellem Jodsalz zubereiteten Nahrungsmitteln (Convenience Food) und den Lebensmitteln, die bereits einen hohen natürlichen Jodgehalt haben, festgestellt. Aber auch durch das Trinken von jodhaltigem Mineralwasser kann man natürliches Jod aufnehmen.

Hier mein Tipp: Da ich selber in einen Jodmangel geraten bin und eine Schilddrüsenunterfunktion hatte, habe ich mich nach Möglichkeiten umgesehen, wie ich diesen Mangel auf eine natürliche Weise ausgleichen kann. Ich habe das Wasser »Jod Natur« und jodhaltiges Mineralwasser, in Kombination mit Rezepten mit Algen in meinen Ernährungsplan aufgenommen. In dem Institut, in dem ich meine Ausbildung zur ganzheitlich zertifizierten Ernährungsberaterin gemacht habe, haben wir dazu einen sogenannten Sensoriktest durchgeführt. Bei der Verköstigung von »Jod Natur« empfanden Menschen mit einem niedrigen Jodspiegel das Wasser als sehr mild, weich und fast süßlich. Menschen, die keinen Jodmangel hatten, fanden es salzig im Geschmack. Probieren Sie es einfach mal aus.

NATÜRLICHES JOD IN LEBENSMITTELN

Jodgehalt in µg/100 g	
Kombu-Braunalgen	2.000.000
Hiziki-Braunalgen	300.000
Nori-Rotalgen	40.000
Schon mit 1–5 g Algen kann die empfohlene Aufnahmemenge von Jod pro Tag abgedeckt sein.	

Meersalz	200
Steinsalz	200
Jodhaltiges Mineralwasser (Jod Natur)	37
Durch das Trinken von jodhaltigem Mineralwasser kann man natürliches Jod aufnehmen.	

Kiwis	80
Cashewkerne	10 (enthalten Jod und Selen!)
Kartoffeln	4
Nudeln	2–3
Meerestiere	40–150
Vollkornbrot	4
Eier	13
Brunnenkresse	18
Champignons	18
Brokkoli	15
Karotten	15
Erbsen (geschält)	14
Erdnüsse	13

JODBEDARF PRO TAG:

Personengruppe	Alter	Jod in µg/Tag (siehe https://jodmangel.de/ausreichende-jodversorgung/kinder/)
Jugendliche und Erwachsene	13–51 Jahre	200
Erwachsene	51 Jahre und älter	180
Schwangere		230
Stillende		260

SELEN

Um Jod optimal aufnehmen zu können, benötigt Ihre Schilddrüse auch das Spurenelement Selen. Ist nicht genug Selen vorhanden, vermindert sich die Aufnahmefähigkeit. Täglich sollten Sie 100–150 µg Selen aufnehmen. Es ist immer ein Zusammenspiel von mehreren Faktoren.

Selenhaltige Nahrungsmittel

Auch bei einer pflanzlichen Ernährung ist es nicht schwer, unseren Selenbedarf zu decken. Ein guter Selenlieferant ist z. B. die Paranuss. Schon mit einer einzigen mittelgroßen Nuss decken Sie den täglichen Bedarf. Sie sollten jedoch auch darauf achten, nicht zu viele Paranüsse zu sich zu nehmen, da das Spurenelement in zu hohen Mengen toxisch wirkt. Neben Nüssen und Kernen enthalten auch Hülsenfrüchte, Getreideprodukte, bestimmte Gemüsesorten und Pilze beachtliche Mengen an Selen. Hier einige selenreiche Lebensmittel:

- Sonnenblumenkerne
- Cashewkerne
- Paranüsse
- Kokosnuss
- Weizen- und Haferkleie
- Haferflocken
- Reis
- Champignons
- Shiitake-Pilze
- Steinpilze
- Sojabohnen
- Rote Linsen
- Weiße Bohnen
- Brokkoli
- Weißkohl
- Spargel

WAS IST MIT UNSEREM BROT PASSIERT?

Bestand das Fundament der Ernährungspyramide 1970 noch aus Brot und Backwaren, sah es 2010 schon ganz anders aus. Beides wird nun nur noch in einem sehr reduzierten Maße empfohlen. Trotz dieser neuen Empfehlung essen wir aber mehr Brot und Backwaren denn je. Und das, obwohl das Pausenbrot oder, wie wir in Berlin immer gesagt haben, »die Stulle« für die Schule und das Abendbrot irgendwie aus der Mode kommt. Und warum? Vielleicht weil es überall verfügbar ist? Wir können die Teigwaren, ob Plunderstückchen oder das fertig belegte Brötchen, einfach und schnell kaufen und es auf dem Weg zur Schule, Arbeit oder Uni verzehren. Zugegeben, das ist schon sehr praktisch und spart Zeit. Tut es uns aber wirklich gut? Ernährt es uns oder macht es nur kurzzeitig satt? In meinem persönlichen Umfeld sind in den letzten 8 bis 10 Jahren in nur fünf Straßen so einige neue Bäckerfilialen dazugekommen. Wo früher Modegeschäfte, Gemüseläden, Bankfilialen oder Friseure ansässig waren, gibt es jetzt Gebäck. Schnell und einfach verfügbar, bereits fertig belegt, zudem auch noch knusprig und, so scheint es, auch stets frisch gebacken. Nussschnecken, Franzbrötchen, Laugenstangen und Baguette, jede einzelne Bäckerfiliale ist ein Schlaraffenland. Da wird es uns wirklich schwer gemacht, zu widerstehen (auf die gefährlichen Transfette in diesen Produkten gehe ich später noch genau ein).

Bei so vielen Bäckerfilialen und den Massen an Broten und Backwaren, die täglich verkauft werden, stellt sich die Frage: »Wer backt das alles?« Nicht jeder dieser Betriebe hat eine eigene Backstube mit einem eigenen Bäcker. Im Durchschnitt kommen mindestens zwei von drei Broten aus industriellen Großbäckereien. Viele dieser Bäckereigroßbetriebe verwenden mittlerweile auch fertige Backmischungen, womit wir wieder beim Thema Convenience-Produkte wären. Diese Backmischungen werden in riesigen Backmittel-Konzernen hergestellt. Die Verarbeitung dieser Mischungen hat nur noch wenig mit dem ursprünglichen Bäckerhandwerk zu tun. Wie wir schon wissen, sparen Convenience-Produkte viel Zeit bei der Vorbereitung und Verarbeitung ein. So wird den Fertigteigpulvern nur noch Wasser und Hefe zugefügt, es wird geknetet und das war es schon. Der überragende Vorteil hierbei: Man kann so den Gärprozess des Teiges von mehreren Stunden umgehen. Damit der Teig so einfach hergestellt werden kann und sehr schnell zur weiteren Verarbeitung bereit ist, bedarf es allerdings verschiedenster Zusatzstoffe. Die Frage, ob beim Brotbacken Chemie zum Einsatz kommt, kann somit eindeutig mit »Ja« beantwortet werden. Es kommen unter anderem modifizierte Stärken, Klebermoleküle, Schwefelbrücken-Verbindungen, denaturierte Enzyme, heterozyklische Aromaverbindungen, Emulgatoren, E 471 Mono- und Diglyceride von Speisefettsäuren, Monocalciumphosphat, Maltodextrin und Ascorbinsäure zum Einsatz, und das sehr regelmäßig.

Das ist noch nicht alles, was ich hier erwähnen muss, um Sie über die Missstände aufzuklären, auch wenn ich es mir anders wünschen würde:

Hier kommen noch ein paar sehr wichtige Informationen zu einem weiteren Zusatzstoff, der einem wirklich den Appetit verderben kann. Es geht um L-Cystein, eine Aminosäure, die meistens aus natürlichen Eiweißquellen gewonnen wird. Beziffert wurde dieser Stoff mit der Nummer E 920. Durch ihn wird Teig locker und elastisch, und die Backwaren bleiben länger frisch. L-Cystein wird meist aus dem Haupteiweiß Keratin gewonnen, das in tierischen Haaren, Federn, Sehnen und Horn enthalten ist. L-Cystein (E 920) kann dementsprechend aus Schlachtabfällen stammen. Und wo kommt es zum Einsatz? Richtig, in industriell gefertigten Backwaren wie Burger- und Tiefkühlbrötchen, aber auch in Brot. Nicht jedes vermeintlich vegane Brötchen ist vegan.

Bei losen Backwaren gilt, dass eine Liste mit Inhaltsstoffen für die Kund*innen einsehbar sein muss, fragen Sie also danach. Das trauen sich natürlich nicht viele von uns, man würde ja auch komisch angeschaut werden. Warum kommen die ganzen Zusatzstoffe in den Teig? Weil die Teige dadurch verarbeitungssicher gemacht werden, wie das in der Großfabrikproduktion heißt. Das bedeutet, dass die Ergebnisse im Endprodukt immer gleich und zudem lange haltbar sind. Mit diesen schnell produzierten Backwaren werden dann die einzelnen Bäckerfilialen beliefert. Eine weitere Form von Convenience sind die vorgefertigten, meist tiefgefrorenen Brötchenrohlinge, welche dann in den Filialen nur noch aufgebacken werden. Riecht wie frisch gebacken, ist warm und knusprig und ganz schnell aufgegessen. Was all diese Zusatzstoffe, auch wenn sie mit ihren einzelnen Grenzwerten nicht als gesundheitlich bedenklich eingestuft werden, mit uns und unserem Organismus machen, kann noch niemand genau sagen. Lassen Sie uns aber weiterdenken und uns Folgendes nochmals vor Augen führen: In den einzelnen industriell gefertigten Nahrungsmittelprodukten wird jeder einzelne Zusatzstoff der gesetzlichen Norm entsprechen und somit als gesundheitlich unbedenklich eingestuft werden. Dies gilt aber immer nur für das einzelne Produkt. Weiter gedacht, essen wir aber doch nicht nur Brot alleine, dazu kommt der industriell gefertigte Aufstrich und Belag mit wiederum enthaltenen »E-Nummern« oder Zusatzstoffen. Dadurch vervielfacht sich die Aufnahme diverser Zusatzstoffe. Dass wir uns dann noch in gesundheitlich unbedenklichen Mengen bewegen, wage ich zu bezweifeln.

Die Dosis macht auch hier das Gift. Dazu hätte ich gerne einmal eine wissenschaftliche Studie, die die Zusatzstoffe, die wir täglich zu uns nehmen, addiert, um dann die tatsächliche Summe konsumierter Zusatzstoffe zu erhalten. Das geht natürlich nicht, denn jede*r isst anders. Außerdem ist der Industrie an solchen Studien überhaupt nicht gelegen, da es ihre Produkte in äußerst zwielichtiges Licht rücken könnte. Hier sind wir selber gefragt und müssen unseren gesunden Menschenverstand einsetzen. Gut Brot will Weile haben. Brot enthält wertvolle Nährstoffe, die unser Körper braucht. Zum Beispiel Eiweiß, Vitamine, Mineral- und Ballaststoffe. Wenn man allerdings von diesen Inhaltsstoffen spricht, kommt es sehr darauf an, von welchem Brot die Rede ist. Die meisten Vitamine und Nährstoffe enthält ganz klar das Vollkornbrot/-brötchen. Hierbei ist es wichtig, dass es wie gesetzlich vorgeschrieben aus mindestens 90 % gemahlenem Vollkorn besteht. Aber hier wird oft gemogelt. Nicht alles, was nach Vollkornbrötchen aussieht, ist auch eins. Hier wird viel mit Farbstoffen nachgeholfen. Am wenigsten dieser wertvollen Stoffe enthält das Weißbrot.

Brot kann ein sehr gesundes Nahrungsmittel sein und sollte auf dem Speiseplan nicht fehlen.

Aber es kommt auf die Qualität der Zutaten und der Produktion an. Wegen der geschilderten Zutaten und der Art der Produktion sind viele Brote heutzutage meiner Meinung nach nicht mehr so bekömmlich und erreichen auch nicht mehr dieselben Qualität wie vor ein paar Jahrzehnten. Ich liebe Brot, aber ich merke auch, dass es mir nicht immer guttut. Hierbei ist es wichtig, darauf aufmerksam zu machen, dass Brot nicht gleich Brot ist. Auch wenn es immer weniger Bäckerhandwerksbetriebe gibt, ein paar gibt es noch. Sollten Sie also einen in ihrer Nähe haben, danken Sie ihm, dass er für gutes, traditionelles Brot früh aufsteht, den Teig selber ansetzt und ihm die nötige Gehzeit gewährt. Menschen, die öfter von Blähungen, Durchfall oder Krämpfen geplagt werden, führen dies oft auf das im Getreide enthaltene Klebereiweiß Gluten zurück. Das kann auch durchaus sein, aber Glutenintoleranz ist für uns ein Überbegriff geworden, selbstverständlich, weil wir dieses Unwohlsein und die Unverträglichkeit nicht anders erklären können. Es kann aber auch noch andere Ursachen für obige Symptome geben wie z. B. ATI (Amylase-Trypsin-Inhibitoren), ein Protein im Getreide. Oder die sogenannte FODMAPs. FODMAPs sind Ein- und Mehrfachzucker, also Kohlenhydratverbindungen, die z. B. bei einem Reizdarm zu Verdauungsproblemen und Bauchweh führen können.

Die Abkürzung steht für:

- Fermentierbare
- Oligosaccharide (Fruktane)
- Disaccharide (Laktose)
- Monosaccharide (Fruktose)
- Polyole (Zuckeralkohole)

Diese FODMAPs sind in jedem angesetzten Teig vorhanden, werden aber normalerweise in der Gehzeit des Teiges ab- und umgebaut. Nach einer Stunde ist der FODMAP-Anteil am höchsten, nach vier Stunden sind diese Stoffe vollständig abgebaut. Die zum Abbau notwendige Gehzeit wird aber bei der schnellen Herstellung unser heutigen Brotindustrie nicht mehr eingeräumt, obwohl sie so wichtig wäre. Sie sehen also, dass schnell nicht immer gut ist. Wir müssen uns Zeit für unsere Nahrungsmittelherstellung nehmen.

Wer beim Brotkauf sichergehen will, sollte auf ein Sauerteigbrot oder echtes Vollkornbrot (mind. 90 % volles Korn muss verbacken worden sein) vom Handwerksbäcker zurückgreifen, denn echter Sauerteig muss lange ruhen und ist deshalb für uns viel bekömmlicher. Schätzen Sie sich also glücklich, wenn Sie eine*n Bäcker*in Ihres Vertrauens gefunden haben. Wer aber bei der Qualität, den Nähr- und Inhaltsstoffen in puncto Qualität ganz sichergehen will und wirklich gutes, gesundes Brot mit Vitaminen und Ballaststoffen genießen möchte, der*die sollte sein Brot wieder selber backen. Vier tolle Brotrezepte finden Sie dazu auf den nächsten Seiten. Ich selbst bereite sie häufig zu und kann sie nur empfehlen.

GLUTENFREIE SUPERBROTE: WENIGER ESSEN – LÄNGER SATT – MEHR NÄHRWERTE!

Buchweizen-Hirsebrot

Das glutenfreie Brot macht länger satt und enthält mehr Nährwerte als Brot aus dem Handel.

ZUTATEN
für 1 Brot:

3 geh. EL Flohsamenschalen
3 gestr. EL Leinsamenschrot
150 g Buchweizenmehl
150 g Hirsemehl
1 ½ TL Natron
½ TL Steinsalz
3 EL Sonnenblumenkerne
½ TL Galgant
1 TL Apfelessig
100 ml Haferdrink
Öl

1. Alle trockenen Zutaten in eine Schüssel geben und leicht verrühren. Die Flüssigkeiten und 300 ml Wasser dazugießen und alles gut vermischen. Der Teig klebt zuerst etwas, deshalb lassen Sie ihn etwa 60 Minuten gut durchziehen.
2. Den Backofen auf 160 °C Ober-/Unterhitze vorheizen. Das Backblech leicht anfeuchten und mit Backpapier belegen. Die Hände mit etwas Öl benetzen. Den Teig zu einem Laib oder Baguette formen und auf das Blech legen. Den Laib quer mit einem Messer mehrfach einritzen. Auf die mittlere Schiene 45–60 Minuten backen. Mit einem Holzspieß prüfen, ob der Teig durchgebacken ist.

Das Brot kann in jeder Form gebacken werden. Besonders schön wird es in einer Springform mit einem Durchmesser von 17 cm.

Kurkumabrot mit Nüssen

Dieses selbst gebackene Brot ist sowohl als Brotlaib als auch als Baguette einfach köstlich. Würzig, fein nussig, fluffig leicht und trotzdem knusprig. Die Zutatenliste für dieses Gebäck ist ausgewogen und sehr gesund. Es stecken nur die besten Zutaten wie Samen, Kerne und Flocken darin. Ein wirklich sehr wertvolles Lebensmittel!

ZUTATEN

für 1 Brot:

140 g Sonnenblumenkerne
140 g glutenfreie Haferflocken
90 g Leinsamen
65 g geschälte Hanfsamen
3 EL Chiasamen
3 EL Flohsamenschalen
2 EL Kurkumapulver
1 TL Korianderpulver
2 TL Steinsalz
1 EL Kokosblütenzucker (nach Belieben)
3 EL Kokosfett
60 g ganze Nüsse (oder Paranüsse in Dritteln)
Braunhirsemehl (nach Belieben)

Kastenform (ca. 26 cm lang)

1. Sonnenblumenkerne, Haferflocken, alle Samen und Flohsamenschalen in einen Mixer geben und zu einem feinen Mehl pürieren. Den Backofen auf 180 °C Ober-/Unterhitze vorheizen. Das selbst gemachte Mehl in eine größere Schüssel umfüllen. Gewürze, Salz und nach Belieben Zucker dazugeben. Kokosfett, 500 ml Wasser und Nüsse dazugeben und den Teig mit den Händen so lange kräftig kneten, bis er sich vollständig vom Schüsselrand löst. Nach Belieben noch etwas Braunhirsemehl dazugeben.
2. Die Kastenform einfetten, den Teig hineingeben und fest andrücken. Die Form kräftig auf den Tisch stoßen, damit keine Luftblasen entstehen. Auf das Gitter im Backofen setzen und etwa 30 Minuten backen.
3. Aus dem Ofen nehmen, das Brot aus der Form stürzen, das Ofengitter mit Backpapier auslegen und das Brot darauf weitere 20 Minuten backen. Die Stäbchen-Probe machen: Wenn kein Teig mehr an einem hineingesteckten Stäbchen hängen bleibt, ist das Brot fertig. Aus dem Ofen nehmen und auskühlen lassen.

Hanfbrot

Hanf ist eine richtige Powerpflanze und zählt zu den Superfoods. Hanfmehl schmeckt nussig und hat einen unglaublich hohen Nährstoffanteil. Die zusätzlichen antioxidativen Stoffe haben eine sehr positive Wirkung auf uns.

ZUTATEN

für 1 Brot:

20 g Kokosfett
2 EL Agavendicksaft (nach Belieben)
120 g gemahlene Haselnüsse, Mandeln oder Kürbiskerne, gerne eine Mischung
60 g Hanfmehl
8 g Natron
1 EL Apfelessig
¼ TL Steinsalz
30 g Sonnenblumenkerne
10 g Chiasamen
1 EL Flohsamenschalen
50 g Leinsamen
30 g Kürbiskerne

Kastenform (ca. 17 cm lang)

1. Den Backofen auf 180 °C Ober-/Unterhitze (160 °C Umluft) vorheizen. Die Form mit Backpapier auslegen.
2. Kokosfett schmelzen und nach Belieben mit Agavendicksaft vermischen.
3. Alle anderen Zutaten mit 100–150 ml Wasser in eine Schüssel geben, das Kokosfett unterrühren und gut vermengen.
4. Die Masse in die Form einfüllen. Das Brot etwa 35–40 Minuten backen.

Anstelle des Wassers können Sie auch Aquafaba (Kichererbenwasser, siehe Seite 152) verwenden.

Süßkartoffel- oder Kürbisbrot

Die Kartoffeln machen das Brot besonders fluffig, und
die Kürbiskerne sorgen für gesunden Biss.

ZUTATEN
für 1 Brot:

2 große Süßkartoffeln oder ¼ Hokkaidokürbis
130 g Buchweizen
60 g Sonnenblumenkerne
1 TL Leinsamen
½ TL fein gemahlener Ysop (Eisenkraut)
3 TL Pfeilwurzelstärke (alternativ Kartoffel- oder Maisstärke)
1 gestr. TL Natron
1 gestr. TL Steinsalz
3 EL Apfelessig oder Zitronensaft

Kastenform (ca. 30 cm lang)

1. Süßkartoffeln waschen, schälen und in ½ cm breite Stücke schneiden. Alternativ den Hokkaidokürbis waschen und ungeschält in ½ cm breite Stücke schneiden. Süßkartoffeln oder Kürbis in einem Topf mit etwas Wasser bedecken und 10–15 Minuten garen, bis sie sich zerdrücken lassen. Kochwasser bis auf eine kleine Menge abgießen. Mit einer Gabel oder einem Kartoffelstampfer zu Brei verarbeiten. Der Brei soll weich und saftig sein, aber nicht flüssig. Kurz abkühlen lassen.

2. Die restlichen Zutaten zum Stampf geben und mit den Händen zu einem Teig kneten. Den Teig 20–30 Minuten ruhen lassen.

3. Den Backofen auf 200 °C Ober-/Unterhitze vorheizen. Die Backform anfeuchten und mit Backpapier auslegen. Den Teig in die Backform geben und 40–50 Minuten backen. Die Stäbchen-Probe machen: Wenn kein Teig mehr an einem hineingesteckten Stäbchen hängen bleibt, ist das Brot fertig. Aus dem Ofen nehmen und abkühlen lassen.

Statt das Brot in einer Kastenform zu backen, können Sie auch einen rechteckigen Brotlaib formen und auf einem mit Backpapier belegten Blech backen.

KURZE INFO ZUR EI-PRODUKTION

Seit 2010 ist es in Deutschland verboten, Hennen in konventionellen Legebatterien zu halten. Das bedeutet, dass die Hühner auf 550 Quadratzentimetern, also weniger als einem DIN-A4-Blatt, in übereinandergestapelten Käfigen lebten. Heute werden in Deutschland etwa 51,9 Millionen Hühner zum Zweck der Eierproduktion gehalten. Laut Albert Schweitzer Stiftung leben allerdings immer noch 5 % aller Legehennen in Käfighaltung in Betrieben mit mindestens 200.000 Hennen. Die Bedingungen in den Kleingruppenkäfigen ähneln denen der konventionellen Käfighaltung stark. Der Platz pro Henne hat sich unwesentlich von den 550 auf 800 Quadratzentimeter vergrößert. Das sind ein DIN-A4-Blatt plus fünf EC-Karten als Lebensraum. Es herrscht immer noch große Enge bei 2,5 Quadratmetern für 60 Hennen.

In der heutigen ökologischen Erzeugung gelten strenge, neue Haltungsregeln. Danach dürfen sich im Stall maximal sechs Hennen einen Quadratmeter teilen. Draußen im Freilauf kommen pro Tier mindestens vier Quadratmeter hinzu. Außerdem gelten die Regeln der ökologischen Landwirtschaft: Gefüttert werden sollte möglichst betriebseigenes Bio-Futter, Gentechnik ist nicht erlaubt. Im Krankheitsfall sind Naturheilmittel und homöopathische Arzneien zu bevorzugen.

In der konventionellen Tierhaltung hingegen wird natürlich anders gefüttert und im Krankheitsfall anders behandelt. Aus diesen Gründen gelten Bio-Eier als die gesündeste Variante. Beim Kauf haben die Verbraucher*innen die Qual der Wahl. Aber mal ganz ehrlich, wenn man sich diese Verhältnisse im Vergleich vor Augen hält, sollte man, wenn überhaupt, Eier aus ökologischen Betrieben kaufen. Die paar Cent sind in unserer eigenen Gesundheit und der Lebensqualität der Hennen gut angelegt, wie ich finde. Hühner sind freundliche, soziale und neugierige Lebewesen, die sich bewegen wollen.

Und damit wir unser eigentliches Thema nicht aus den Augen verlieren – auch bei der »Eierproduktion« werden in der konventionellen Produktion Zusatzstoffe eingesetzt. Können Sie ein gesundes von einem ungesunden Ei unterscheiden? Das ist zugegeben nicht ganz leicht. Die Auswahl und das Angebot sind groß und gute Qualität ist nicht immer unbedingt sofort ersichtlich. Denn schöne Fotos von »glücklichen« Hühnern auf saftig grünen Wiesen kleben fast auf jeder Packung. Ein guter Indikator für die Qualität eines Eies ist z. B. das Eigelb. Wenn es auch komisch klingen mag: Ein gesundes Eigelb ist hellgelb-orange (nicht leuchtend orange) und das Eiweiß eher fest geleeartig. Das lässt sich mit der Art der Aufzucht sowie der Ernährung der Hennen erklären und damit, ob die Hennen genügend frisches Grünfutter bekommen haben oder nicht. Das Eigelb färbt sich nämlich erst durch die Aufnahme fettlöslicher Carotinoide, die das Huhn mit dem Grünfutter auf der Wiese zu sich nimmt, so schön gelb. Genauso sollte es sein. Ist das Eigelb aber zu orange, so wie eine eingelegte Aprikose beispielsweise, dann wurde wahrscheinlich mit einem Farbstoff, einem Zusatzstoff (synthetisches Carotinoid) nachgeholfen.

Bei Bio-Eiern sind Futterzusätze wie Karotten und Mais erlaubt, die das Eigelb ebenfalls färben, aber eben keine synthetischen Farbstoffe. Sollten Sie also anfangen, Ihre Eier von einem kleinen Hof zu kaufen und das Eigelb ist sehr hell, dann ist das ein Zeichen von Qualität und dafür, dass nicht nachgeholfen wurde. Auch sind die Eigelbe im Winter ohnehin heller, denn natürlicherweise finden die Hühner zu dieser Zeit weniger Grünfutter. Im Supermarkt sollten Sie daher darauf achten, auf jeden Fall Eier mit den Anfangsziffern 0 oder 1 zu kaufen, die aus Freilandhaltung stammen. Diese Eier sind definitiv die besseren und gesünderen, denn sie enthalten viel mehr Vitamin A, D und E sowie natürliches Beta-Carotin und Omega-3-Fettsäuren. Eier mit den Anfangsziffern 2 und 3 sollten Sie dagegen meiden, denn die stammen aus Boden- und Käfighaltung. Auch hier geht es um die biologische Verfügbarkeit für unseren Körper! Ich werde Ihnen in den Rezepten zeigen, dass Sie zum Backen oder für eine knusprige Panade, aber auch für Mayonnaise keine Eier mehr brauchen.

DIE MILCH

Kennen Sie noch den Werbespruch »Die Milch macht's« Ich kenne ihn noch aus meiner Kindheit. Aber wer macht hier was? Um das kurz klarzustellen: Die Kuh macht's! Das Hausrind, auch Kuh genannt, steht der Menschheit seit über 10.000 Jahren als Arbeitskraft zur Verfügung. Ob vor den Pflug gespannt, um den Acker zu bearbeiten, oder als Lieferant für Fleisch, Milch und was daraus entsteht. Rinder sind und waren schon immer leistungsfähige Tiere. Klar, dass die Kuh auch in unserer immer leistungsorientierteren Gesellschaft mithalten muss. Hat uns eine Milchkuh vor 40 Jahren noch 20 bis 25 Liter Milch pro Tag geschenkt, ist nun die gepimpte Version mit dem schönen Namen »Hochleistungskuh« zu deutlich mehr fähig. Die besagte Hochleistungskuh liefert jetzt im Durchschnitt 50 bis 80 Liter pro Tag. Mehr als das Doppelte in nur 40 Jahren. Das ist eine Optimierung, die nicht von schlechten Eltern ist.

Um 100 Liter Milch zu produzieren, muss eine Kuh 40.000 Liter Blut durch ihre Organe und das Euter pumpen. Das ist Hochleistung, da sind Verschleißerscheinungen kein Wunder. Lag die Lebenserwartung einer Kuh früher bei etwa 25 Jahren, sind die heutigen Akkordarbeiterinnen nach nur 5 Jahren komplett ausgepumpt und ausgelaugt. Um hier ein Verständnis für die Milchproduktion der Kuh zu bekommen: Ein Kalb braucht etwa 8 Liter Muttermilch am Tag. Mein Vorschlag zur Güte: Die 8 Liter könnten wir das Kälbchen auch von seiner Mutter trinken lassen, dann müsste es nicht von ihr getrennt werden und wir hätten immer noch 42 Liter Kuhmilch für den menschlichen Verzehr pro Kuh und Tag.

Diese Produktionsoptimierung (also 50 Liter statt 20 Liter am Tag) wirkt sich ganz klar auf die Qualität des Produktes aus. Um diese Resultate zu erzielen, wurde die Art der Fütterung umgestellt. Den Kühen wird in vielen Betrieben neben herkömmlichem Futter wie Gras, Heu und Silage immer mehr Kraftfutter gefüttert. Dieses Kraftfutter besteht überwiegend aus Resten der Zucker- und Stärkeherstellung, Getreide, Raps- und Sojaschrot. Das hat körperliche und gesundheitliche Auswirkungen auf die Tiere. Oft gibt es Erkrankungen wie Euterentzündungen und Klauengeschwüre, die dann wiederum mit Medikamenten behandelt werden müssen. Es ist wichtig, das im Zusammenhang zu sehen, damit wir nachvollziehen können, warum die Giftstoffbelastung in der Milch (unter anderem) so hoch ist.

Diese Art der Hochleistungsfütterung hat aber eben auch noch andere Auswirkungen, nämlich ökologische. Inzwischen wird Soja in gerodeten Regenwaldgebieten angebaut, damit in Deutschland die Fütterung der Kühe gewährleistet werden kann, um die Milchproduktion aufrechtzuerhalten. Dieses Sojaschrot aus Übersee ist oft genetisch verändert, und das ist etwas, was wir wirklich nicht wollen. Zudem ist unsere Milch heute ein hochverarbeitetes Nahrungsmittel, was mit dem eigentlichen Lebensmittel, der Rohmilch, nichts mehr zu tun hat. Denn Rohmilch, wie wir sie früher getrunken haben, gibt es nur noch selten und würde den meisten von uns auch gar nicht mehr schmecken. Unsere Geschmacksknospen haben sich eben an ganz neue Geschmäcker gewöhnt.

Was hat sich nun aber in und an der Milch verändert? Die Milch von heute enthält mehr gesättigte als ungesättigte Fettsäuren, was nicht unbedingt gesund ist. Früher war es genau umgekehrt. Und jetzt schließt sich der Kreis, denn durch das proteinreiche Kraftfutter, dienlich der Massenproduktion, verändert sich ganz klar auch das Endprodukt, die Milch. Die Milch von heute hat einen veränderten Hormongehalt: Da die Kuh als Hochleistungsobjekt dauerhaft Milch produzieren soll, muss sie auch ständig kalben. Durch diesen pausenlosen Vorgang stammen mittlerweile 50 % der Milch von erneut trächtigen Kühen. Die in der Milch enthaltenen Milchsäurebakterien, die Mikroorganismen, haben sich auch verändert. Die Keimflora von Rohmilch enthielt früher mehr gute Milchsäurebakterien als Fäulnisbakterien. In unserem heutigen System der Molkerei-Milchverarbeitung ist das umgekehrt. Deshalb schmeckt die Milch von heute auch nicht mehr sauer, sondern nur bitter. Milch wurde früher sauer, erinnern Sie sich noch? Es entstanden Flocken in der Milch, das Milcheiweiß ist verklumpt. Heute bleibt sie ewig lange in der gleichen Konsistenz.

Traditionelle Frischmilch gibt es in Supermärkten und Discountern immer seltener, eigentlich gar nicht mehr. Stattdessen wird sogenannte ESL-Milch, Extended Shelf Life (sinngemäß = längere Haltbarkeit im Regal) als Frischmilch verkauft. ESL-Milch ist länger haltbar, geöffnet bis zu drei Wochen, also viel länger als Frischmilch, die höchstens eine Woche halten würde, bevor sie sauer wird. Das liegt daran, dass sie doppelt so hoch erhitzt und damit nicht pasteurisiert wird. Das ist alles sehr schwer zu unterscheiden und zu erkennen. Wir können oft gar nicht unterscheiden, ob die Milch klassisch pasteurisiert oder hoch erhitzt wurde. Man muss beim Einkaufen genau aufpassen und kontrollieren. Aber wer möchte das schon ständig machen? Seit 2007 muss ESL-Milch EU-weit nicht mehr als »hoch erhitzt« deklariert werden, sondern darf sich »pasteurisiert« nennen. Milchkäufer können ESL-Milch höchstens an dem Aufdruck »länger frisch« oder »maxi frisch« erkennen.

Wenn ich das richtig verstehe, ist an der Milch gar nichts mehr frisch. Aber es darf »frisch« draufstehen. Und jetzt noch kurz zu der Frage, ob biologisch gewonnene Milch besser als konventionelle Milch ist: Eine Bio-Kuh muss nur etwa 20 Liter Milch am Tag produzieren. Laut EU-Ökoverordnung muss das Futter für eine Bio-Kuh zu über 60 % aus Gras und Heu bestehen, was einleuchtet, denn Kühe sind eigentlich Grasfresser. Die Milch von grasgefütterten Kühen enthält wesentlich mehr Omega-3-Fettsäuren und bis zu 500 % mehr konjugierte Linolsäuren (CLA), diese stehen allerdings in Diskussion im Zusammenhang mit Diabetes Typ 2. Das ist nicht verwunderlich, da Bio deutlich mehr fettlösliche Vitamine enthält als die Milch aus Massenproduktion. Das sind viele Argumente, die nicht unbedingt für den Verzehr von tierischer Milch sprechen. Meine persönlichen Argumente, abgesehen von der Tierhaltung, sind aber die zunehmende Laktoseunverträglichkeit und das enthaltene Growth Hormon. Dieses Wachstumshormon in der Muttermilch sorgt dafür, dass z. B. ein kleines Kalb schnell groß und kräftig wird. Am Anfang ist die Milch wie bei allen Säugetieren sehr reichhaltig und kalorienreich. Es geht darum, das Neugeborene optimal zu versorgen. Das Signal ist ganz klar – Wachstum!

Nach einem gewissen Wachstumsstadium hören andere Säugetiere mit der Aufnahme von (fremder) Muttermilch auf, nur der Mensch nicht. Der Mensch nimmt durch den Verzehr von Milchprodukten, also Produkten aus der Muttermilch der Kuh, weiterhin dieses Growth Hormon auf. Wir nehmen weiter Wachstumshormone zu uns, die eigentlich für das kleine Kalb zum Wachsen gedacht sind. Das menschliche Zellwachstum wird dadurch gefördert und es kommt zu Fetteinlagerungen, welche wir eigentlich nicht möchten. Dadurch kommt es zu einer Verfettung, die besonders eindrücklich bei Kindern und Jugendlichen zu beobachten ist. Das Growth Hormon verursacht bei Jungen beispielsweise ein verstärktes Brustwachstum. Es erklärt auch, warum heutzutage schon bei vielen jungen Mädchen ein ungewöhnlich großes Brustwachstum oder beipielsweise das sehr frühe Einsetzen der Periode zu beobachten sind. Ist solch eine Förderung von Zellwachstum in hohem Maße für erwachsene Menschen überhaupt sinnvoll? Das wird gerade auch im Zusammenhang mit Krebserkrankungen diskutiert. Deshalb ist es meiner Meinung nach Zeit, einmal etwas anderes auszuprobieren!

Hier habe ich eine Grafik zur Ökobilanz von Kuhmilch im Vergleich zu pflanzlicher Milch für Sie zusammengestellt. Bei Pflanzenmilch denken die meisten als Erstes an »Sojamilch«. Soja kann bei einer pflanzlichen Ernährung auch ab und zu zum Einsatz kommen, aber auch hier möchte ich wieder erwähnen, eine gute und moderne Ernährung sollte abwechslungsreich und ausgewogen sein. Wenn wir also von Zeit zu Zeit einmal ein Tofu- oder Sojaprodukt zu uns nehmen, ist das in Ordnung, aber als Pflanzenmilch würde ich es dann nicht noch zusätzlich empfehlen. Soja wir oft als Synonym für eine vegane oder pflanzliche Ernährungsform eingesetzt, dem ist aber nicht so. Sie werden im Rezeptteil sehen, was wir alles selber machen können, ohne Soja zu verwenden.

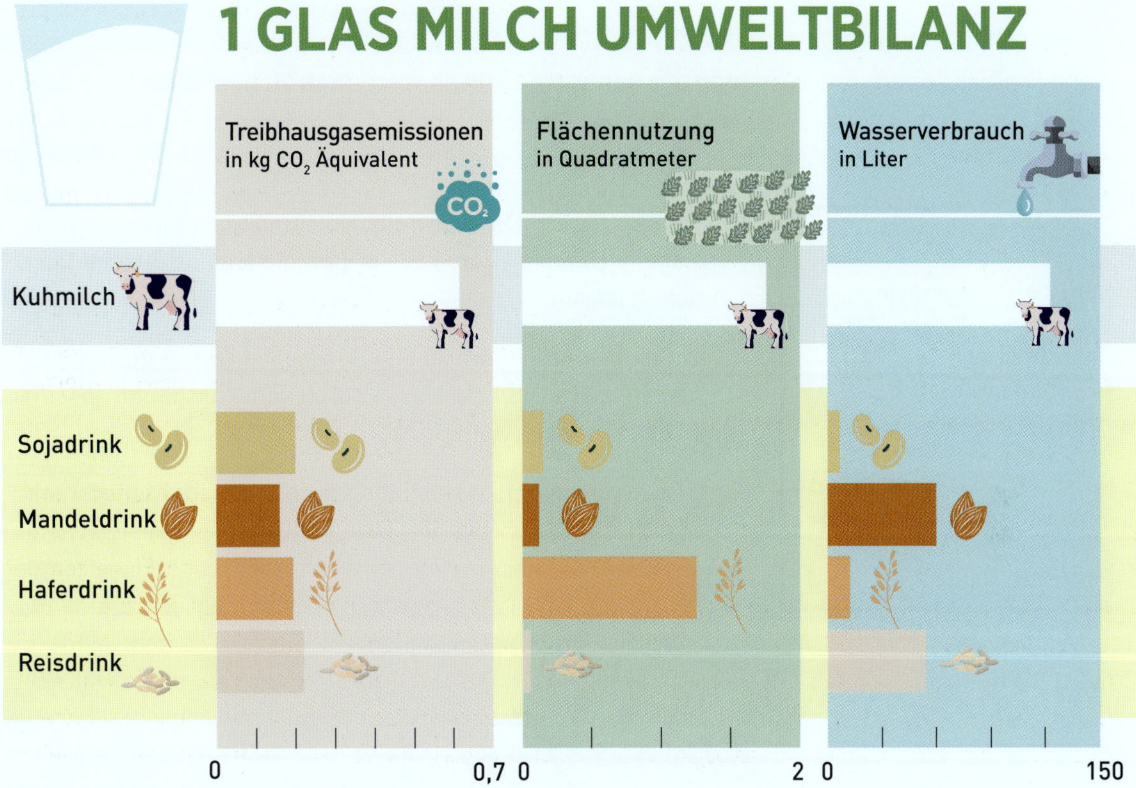

Haferdink

Es geht schnell und kostet nur etwa 30 Cent pro Liter. Mein Haferelixier, wie ich es nenne, ist schnell selber zubereitet. Wir entlasten damit die Umwelt, erzeugen keinen Tetra-Pack-Müll und haben die beste Qualität.

ZUTATEN
Für 1 l:

- 100 g Bio-Haferflocken
- 1 l gefiltertes Wasser oder Quellwasser
- 1 TL Agavendicksaft (nach Belieben)

- Nussbeutel (das ist ein Beutel mit einer ganz feinen Struktur, den man immer wieder benutzen kann)

1. Die Haferflocken in einem Hochleistungsmixer ganz fein mahlen. Dann mit dem Wasser übergießen und 30 Minuten ziehen lassen.
2. Erneut mixen, weitere 30 Minuten ziehen lassen und dann wieder mixen. Nun die Masse durch den Nussbeutel abseihen und fertig ist der Haferdrink.
3. Zum Aufbewahren in eine Flasche abfüllen. Im Kühlschrank ist die Haferdrink etwa 4–6 Tage haltbar.

Mandeldrink

Die Alternative zum Soja- oder Reisdrink und für alle, die eine Laktoseunverträglichkeit haben.

ZUTATEN
für 1 l:

- 200 g ganze Mandeln, mit Schale
- 1,2 l Quellwasser oder gefiltertes Wasser
- Nussbeutel (das ist ein Beutel mit einer ganz feinen Struktur, den man immer wieder benutzen kann)

1. Die Mandeln in eine Schüssel geben und mit etwa 200 ml Wasser übergießen. Die Mandeln sollten mit Wasser bedeckt sein. Nun 10–12 Stunden, am besten über Nacht, einweichen lassen. Dann die Mandeln mit dem Einweichwasser in den Hochleistungsmixer geben und mixen. Dazu kommt ein Liter heißes Wasser und alles wird wieder gemixt.
2. Die Masse sollte etwa 30 Minuten ziehen und dann erneut gemixt werden. Nun durch den Nussbeutel abseihen und fertig ist der Mandeldrink. Zur Aufbewahrung bitte in eine saubere Flasche füllen und in den Kühlschrank stellen. Haltbar für etwa 4–6 Tage.

IST HIER »ALLES KÄSE«?

Ja, Käse wird aus Milch gemacht. Also traditionell und handwerklich. Er ist ein festes Milcherzeugnis und entsteht durch die Gerinnung des Milcheiweißes. Am weiteren Prozess ist ein ganzes Heer kleiner Helfer beteiligt. Bakterien, Schimmelpilze, Enzyme und Milben leisten hier ganze Arbeit. Die Dicklegung dauert je nach Käsesorte 1 bis 3 Stunden, dann kommt es zur Reifung, und hier braucht »gut Käse« Zeit. Hartkäse benötigt 3 bis 12 Monate oder auch länger, Schnittkäse 1 bis 2 Monate und Weichkäse etwa 2 bis 3 Wochen. Die Käseherstellung ist das älteste Verfahren zur Haltbarmachung von Milch. Er gilt als sehr gesund, gerade auch wegen seines hohen Anteils an Kalzium und Eiweiß. Ich höre immer wieder von vielen Menschen, die über eine Ernährungsumstellung nachdenken: »Aber auf Käse könnte ich nie verzichten.« Und glauben sie mir, so habe ich auch früher gedacht.

Erinnern Sie sich noch, was Fast Food mit uns macht? Und warum wir immer mehr davon essen wollen? Bei Käse gibt es auch einen solchen Trigger. Bei einer Ernährungsumstellung geht es nicht darum, einfach nur andere Lebensmittel zu essen, sondern es geht auch um ein ganz neues Bewusstsein. Wenn wir mehr über die Dinge um uns herum wissen und sie besser verstehen, dann fällt uns eine Umstellung leichter. Deshalb fasse ich das hier alles so präzise wie möglich für Sie zusammen. Beim Thema Käse ist es sehr wichtig zu verstehen, warum er eine solche Anziehungskraft auf uns hat. Käse macht ein bisschen süchtig. Wenn im Magen das im Käse enthaltene Milcheiweiß Casein verdaut wird, entsteht Casomorphin, welches Glücksgefühle auslöst, wie auch der Verzehr von Schokolade. Es stimuliert dieselben Rezeptoren wie Heroin und Kokain, zwar in geringerem Maße, aber es hat zur Folge, dass man immer noch mehr und immer wieder, in diesem Fall Käse, essen möchte.

Die Forschung sieht gerade in der Verbindung mit Fett und industriell stark verarbeiteten Lebensmitteln einen Zusammenhang von Käse und einer Esssucht. Es ist also kein Wunder, dass so viele Leute vor der Käsetheke leuchtende Augen bekommen. Ich bin auch viele Jahre auf dem »Käse« hängen geblieben, nachdem ich aber einen erfolgreichen »Entzug« hinter mir habe, vermisse ich ihn in meinem Leben nicht mehr. So viel zum Käse, also zum richtigen Käse. Aber Käse ist nicht gleich Käse und schon gar nicht in unserer jetzigen Zeit. Nicht alles, was wir für Käse halten, ist es auch. Manch ein Nahrungsmittel hält nicht das, was es verspricht.

So werden in Deutschland jährlich 100.000 Tonnen Analogkäse produziert. Was ist Analogkäse? Es ist ein sogenanntes Käseimitat, bestehend aus pflanzlichem oder tierischem Fett. Falls Sie meinen, Käse oder Käseimitat wäre ein rein vegetarisches Produkt, so muss ich Sie wieder enttäuschen, denn für Analogkäse wird zwar günstiges Pflanzenfett, aber in einigen Fällen auch tierisches Fett, wie z.B. Rindertalg, eingesetzt. Weiter zur Zubereitung dieses Mogelkäses. Das Fett wird vermengt mit einer Trockenmischung aus Milcheiweiß, Wasser, Emulgatoren und selbstverständlich einer Menge an Zusatzstoffen, es soll ja nach Käse schmecken und auch so aussehen. Analogkäse ist nicht nur billiger, sondern auch viel schneller herzustellen als echter Käse, der monatelang reifen muss. Außerdem kann Analogkäse auf bis zu 400 °C erhitzt werden. Das sind nicht von der Hand zu weisende Vorteile für die Nahrungsmittelindustrie.

Der Nachteil für Käse-Esser*innen: Dieses Produkt enthält kein Kalzium. In den Kühlregalen liegt also auch Käse, der gar keiner ist. Aber man findet diesen Kunstkäse auch in vielen Convenience-Produkten. Das Käseimitat lauert überall: auf Pizza, im Restaurant, auf belegten Käsebrötchen, überbackenen Käsestangen, aber auch in Lasagne, auf Cheeseburgern oder als Füllung im Cordon bleu. Analogkäse ist im Wareneinsatz für den Nahrungsmittelproduzenten 30 bis 40 % preiswerter als echter Käse. Um herauszufinden, mit welchem Käse wir es zu tun haben, hilft eventuell der Blick auf die Zutatenliste. Echter Käse besteht aus Milch, Lab und eventuell dem Farbstoff Betacarotin. Tauchen diese Inhaltsstoffe in der Zutatenliste nicht auf, könnte es sich um Analogkäse handeln. Dieser Blick auf die Zutatenliste kann einem aber nur bei verpackten Nahrungsmitteln weiterhelfen. Bei lose verkauften Waren in der Bäckerei oder dem Restaurant gibt es keine so ausführliche Kennzeichnungspflicht. Hier müssen nicht alle Zutaten, sondern nur die wichtigsten Allergene angegeben werden. Die Hinweise finden sich meist nicht direkt am Produkt, sondern müssen erfragt oder in einem Ordner nachgeschlagen werden.

FOODTREND VEGANER KÄSE

Foodtrends sind meist kurzfristige und nicht ganzheitlich durchdachte Modetrends. Essen und unsere Ernährung sollten aber kein Trend sein. So etwas Elementares wie nähr- und inhaltstoffreiche Lebensmittel sollten keinem Modetrend unterlegen sein. Es geht mir immer darum, aus der Ernährung das Beste für unseren Körper rauszuholen. Auch wenn ich mich pflanzlich ernähre, heißt das nicht, dass ich industriellen, veganen Käse für ein gutes Produkt halte. Meiner Meinung nach ist kein industriell verarbeitetes Nahrungsmittel empfehlenswert für unseren Speiseplan. Hier gilt für mich: So viel wie unbedingt nötig, aber immer so wenig wie möglich! So frisch wie möglich und selbst zubereitet ist hierbei zweckdienlich und empfehlenswert. Der Wunsch, sich ohne Tierleid und frei von Massentierhaltung zu ernähren, ist auch eine meiner Motivationen. Wenn man sieht, wie wir uns pflanzlich, abwechslungsreich, einfach und relativ frisch ernähren können, dann empfindet man keinen Verzicht, wenn man das eine oder andere Produkt weglässt. Ich würde sagen, der vegane Käse, den man im Geschäft kaufen kann, ist in der Regel Analogkäse. Also ein hochindustriell verarbeitetes Produkt, in erster Linie bestehend aus Wasser und pflanzlichem Öl. Hinzu kommen Stärke, Stabilisatoren, Aromen, Salz, Konservierungsstoffe wie Sorbinsäure und Farbstoffe wie Betacarotin.

Hier ist es wie bei allem: Ab und zu Analogkäse zu essen, macht uns wahrscheinlich nicht schlauer, aber auch nicht krank. Zu bedenken ist aber immer: Käse, ob echt oder Kunstkäse, enthält Fett und das meistens nicht zu knapp. Wer abnehmen möchte, der sollte nicht nur Kohlenhydrate und Zucker im Visier haben. Dass Käse problematisch für die Figur ist, haben die meisten nicht auf dem Radar. Allein durch Käseverzicht und die Reduktion anderer Milchprodukte lässt sich Gewicht leicht reduzieren. Ich habe hier für Sie drei Anleitungen für pflanzliche, käseähnliche Lebensmittel, die schnell selber herzustellen sind, vollwertige Inhaltsstoffe und kein zugefügtes Fett enthalten.

Cashewkäse

ZUTATEN
Für 100 g Käse

100 g Cashewkerne
2 EL Flohsamenschalen
Saft von ½ Zitrone
1 Prise Räuchersalz oder Steinsalz
1 Prise Cayennepfeffer

1. Die Cashewkerne in einer Schüssel bedeckt mit Wasser einweichen. Mindestens 2–3 Stunden, am besten aber über Nacht. Das Einweichwasser wegschütten. Die Flohsamenschalen mit 400 ml Wasser ansetzen und 2–3 Minuten quellen lassen, nicht länger.
2. Alles in den Mixer geben: die gelartige Masse der Flohsamenschalen, die eingeweichten Cashewkerne, den Zitronensaft, das Salz (in diesen Fall eignet sich Räuchersalz am besten) und die Prise Cayennepfeffer. Alles gut mixen und in kleine Formen füllen. Die Masse für ein paar Stunden im Kühlschrank durchziehen und abkühlen lassen.
3. Dieser Mozzarella-ähnliche Käse eignet sich auch zum Überbacken. Um die typische Mozzarella-Form herzustellen, kleine Schüsseln mit einem Durchmesser von 8 cm befüllen, so entstehen sechs kleine Mozzarella. Zum Servieren stürzen, in Scheiben schneiden und klassisch mit Tomaten, Essig, Öl, Salz, Pfeffer und Basilikum garnieren.

Harzer Käse

ZUTATEN
Für 100 g Käse

100 g Sonnenblumenkerne
2 EL Flohsamenschalen
Saft von ½ Zitrone
2 EL Hefeflocken
Räuchersalz oder Steinsalz
½ TL geräuchertes Paprikapulver
2–3 TL Kümmel

1. Die Sonnenblumenkerne in einer Schüssel bedeckt mit Wasser einweichen. Mindestens 2–3 Stunden, am besten über Nacht. Das Einweichwasser abgießen. Die Flohsamenschalen mit 400 ml Wasser ansetzen und 10–15 Minuten quellen lassen.
2. Nun alles in den Mixer geben: Die gelartige Masse der Flohsamenschalen, die eingeweichten Sonnenblumenkerne, den Zitronensaft, die Hefeflocken, das Salz (in diesen Fall eignet sich Räuchersalz am besten), das geräucherte Paprikapulver und ½ TL Kümmelkörner. Alles gut mixen und in eine Schüssel füllen.
3. Die Masse ein paar Stunden im Kühlschrank durchziehen und abkühlen lassen. Dann stürzen und in Stücke oder Scheiben schneiden. Mit dem restlichen Kümmel bestreuen.

Süßkartoffelkäse

ZUTATEN

Für 200 g Käse

- 100 g Cashewkerne
- 1 große oder 2 kleine Süßkartoffeln
- 2 EL Agar Agar
- Saft von ½ Zitrone
- 2 EL Hefeflocken
- 1 TL geräuchertes Paprikapulver
- Steinsalz oder Räuchersalz nach Geschmack
- Schnittlauch und/oder Sesam als Topping

1. Die Cashewkerne in einer Schüssel bedeckt mit Wasser einweichen. Mindestens 2–3 Stunden, am besten über Nacht. Das Einweichwasser abgießen. Die Süßkartoffeln schälen, in mittelgroße Würfel oder Scheiben schneiden (damit sie schneller gar werden), und in 400 ml Wasser für etwa 7–10 Minuten kochen, bis sie weich, aber nicht zerkocht sind. Mit einem Messer kontrollieren, ob die Süßkartoffel weich ist. Nun die Kartoffel mit dem restlichen, noch lauwarmen Kochwasser in den Mixer umfüllen.

2. Das Agar Agar in 200 ml kaltes Wasser einrühren und dann in einem kleinen Topf unter ständigem Rühren kurz aufkochen. Vom Herd nehmen und kurz leicht abkühlen lassen. Danach in den Mixer umfüllen und die restlichen Zutaten dazugeben: Cashewkerne, Süßkartoffeln, Zitronensaft, Hefeflocken, geräuchertes Paprikapulver und Salz. Alles gut mixen und dann in mehrere kleine oder eine große Schüssel einfüllen. Zum Abkühlen für 5–8 Stunden in den Kühlschrank stellen. Mit Schnittlauch oder Sesam bestreut servieren.

FLEISCH, FISCH UND WURST

EIN PLÄDOYER FÜR EIN UMDENKEN UND DIE FÖRDERUNG VON ERNÄHRUNGS-ALTERNATIVEN

Wie schon bei den Proteinen erwähnt, finden sich in tierischen Nahrungsmitteln sehr viele Giftstoffe. In Fleisch finden sich gegenwärtig oft auch noch viele weitere Zusatzstoffe wie Sulfate oder Nitrite. Diese Stoffe schaden unserer Gesundheit, wenn wir zu viel von ihnen konsumieren. Außerdem sind Proteine aus tierischen Quellen bekannt dafür, sich an den Gefäßwänden abzulagern. Das kann zu Krankheiten wie Diabetes, Rheuma oder Arthrose führen und steigert das Risiko für Schlaganfälle und Herzinfarkte. Die Qualität der Nahrungsmittel, die heutzutage auf unserem Tisch landen, hat sich aus verschiedenen Gründen über die Jahre verändert. Das liegt auch an einem völlig verschobenen Verteilungsverhältnis, das man auch an Ernährungspyramiden feststellen kann. Aßen wir früher sonntags ein kleines Stück Fleisch, dazu Gemüse und viele Kartoffeln, sieht es heute ganz anders aus. Aktuell ist der Fleischanteil so hoch wie nie zuvor und die Kartoffelmenge viel niedriger als noch vor 40 Jahren. 1970 verzehrten wir pro Kopf und Jahr etwa 110 kg der Erdfrucht, heute nur noch etwa 70 kg. Das liegt wahrscheinlich an der zunehmenden »Fleischeslust« und der Low-Carb-Bewegung. Diese Entwicklung ist allerdings nicht begrüßenswert.

Heute essen wir täglich Fleisch, obwohl Gemüse viel gesünder für uns wäre und auch ökologisch sinnvoller. Dazu sollte man wissen, dass der Fleischkonsum mit zunehmendem Wohlstand steigt. 2050 werden die Menschen fast doppelt so viel Rind, Schwein und Geflügel verspeisen wie heute. Unsere »Liebe zum Tier« nimmt also zu – da kann man sich vorstellen, dass diese Massen an Fleisch nicht von glücklichen, auf der Weide tollenden Rindern, Hühnern oder Schweinen geliefert werden kann. Hier ein paar Zahlen zur Mast: Rund 50 Millionen Geflügeltiere, 30 Millionen Schweine und mehrere Millionen Mastrinder leben in Deutschland. Die industrielle Fleischproduktion nimmt weltweit zu. Diese Art der Tierhaltung verursacht 65 bis 70 % des globalen Stickoxid-Ausstoßes durch die sogenannte Überdüngung. Möchte man nun den Rindern eine Mitschuld am Klimawandel geben, muss man erwähnen, dass sie Methan ausstoßen. Bei der Produktion von Futter sowie bei Transporten werden zusätzlich gefährliche Treibhausgase freigesetzt.

Über 5 Millionen Tonnen Soja werden jedes Jahr als Futter für Mast- und Milchvieh nach Deutschland importiert. Etwa 65 % der eingeführten Futtermittel stammen aus Brasilien oder Argentinien. Der Weg, den das Futter zurücklegen muss, ist also ganz schön weit. Um 1 kg Protein in Form von Muskelfleisch anzusetzen, muss ein Rind mit 10 kg pflanzlichem Eiweiß gefüttert werden. Und nun der Clou: Wenn ein Großteil dieser Nahrungsmittel nicht als Futtermittel den Umweg durch das Tier zurücklegen würde, gäbe es auf der Erde kein Ernährungsproblem. Hinzu kommt, dass unser Planet derzeit 7,8 Milliarden Menschen ernähren muss. 1970 waren es noch 3,6 Milliarden. Im letzten halben Jahrhundert hat sich die Bevölkerung also mehr als verdoppelt. 2050 werden es wahrscheinlich 9,7 Milliarden Menschen sein. Wenn wir das alles bedenken und dann auch noch das Thema Wasser hinzuziehen, wird immer klarer, dass wir wirklich etwas verändern müssen. In vielen Teilen der Welt ist Wasserknappheit mittlerweile ein ernsthaftes Problem. Durch Umweltverschmutzung, Klimawandel, Überbevölkerung und auch Verschwendung mangelt es in vielen Teilen der Welt an überlebenswichtigem Wasser.

Immer mehr umweltbewusste Menschen und Organisationen setzen sich daher mit diesem Problem auseinander und arbeiten daran, dass wir auch in Zukunft gesund auf unserem Planeten leben können. Obwohl wir gerade im Umgang mit Wasser bewusster geworden sind und im Haushalt am Tag 22 Liter weniger verbrauchen als vor 30 Jahren, ist diese Ersparnis nur ein Tropfen auf den heißen Stein. Laut Peta werden für 1 kg Fleisch als Gesamtmenge 15.500 Liter Wasser verbraucht. Für ein Steak sind es 4.000 Liter Wasser. Diese Wassermengen setzten sich aus aktivem und passivem Wasserverbrauch zusammen. Ein Rind lebt etwa 3 Jahre bis zur Schlachtung und verbraucht etwa 24 Kubikmeter Trinkwasser. Etwa 7 Kubikmeter werden zur Stallreinigung benötigt, für die Futtermittel werden etwa 8.500 kg Getreide und Heu angepflanzt, die bewässert werden müssen. Rechnen wir hierfür nochmals 15.300 Liter Wasser dazu.

Aber auch andere tierische Erzeugnisse haben eine eher schlechte Wasserbilanz. Ein Ei braucht etwa 135 Liter Wasser, ein Glas Milch 200 Liter. Wenn wir nun einen Blick in die Zukunft wagen, wird Wasser, also sauberes Trinkwasser, immer knapper. Es ist uns bewusst, dass es Länder auf der Welt gibt, in denen Zugang zu sauberem Trinkwasser nicht selbstverständlich ist. In Äthiopien sind davon jetzt schon 9 Millionen Menschen betroffen. Weitere Länder, in denen Wassermangel herrscht, sind Botswana, Chile, Estland und Namibia – was gefühlt alles weit weg klingt. Das Problem des Wassermangels beschränkt sich aber mittlerweile nicht mehr nur auf Entwicklungsländer. In den USA, etwa in Kalifornien, gibt es aufgrund des Klimawandels und wegen Dürreperioden ebenfalls immer öfter akute Wasserknappheit. Deshalb stellt sich hier nun die Frage: Kann man Fleisch noch mit gutem Gewissen essen? Wie lassen sich Ökologie und Klimaschutz, Moral und Verantwortung, aber auch Gesundheit und Wohlbefinden mit einem gut gefüllten Teller vereinbaren?

Ich habe alle diese Informationen zusammengetragen, um uns damit eine Motivation zu liefern, etwas Neues auszuprobieren und etwas damit zu ändern. Bewusster mit unseren Lebensmitteln und unserer Umwelt umzugehen ist ein gutes Gefühl. Selbstverständlich hinterlässt jeder von uns seinen ökologischen Fußabdruck. Wir leben hier, also verbrauchen wir einige Ressourcen unseres Planeten. Es geht auch nicht darum, auf alles zu verzichten, aber wenn jeder von uns etwas bedachter konsumiert, können wir eine ganze Menge bewirken. Es wirkt sich zudem positiv auf unseren Geldbeutel, aber auch unsere Gesundheit und die Umwelt aus.

Zurück zum Fleisch, wo es gekauft und wie es uns präsentiert wird: Der Großteil des Fleisches und der Wurstwaren wird im Supermarkt eingekauft. Dass die Verpackungsaufdrucke mit idyllischen Bauernhöfen und grünen Wiesen nicht ganz der Realität entsprechen, ist mittlerweile bekannt: In der Verpackung steckt Fleisch aus Massentierhaltung. Dass die Zustände in der Massentierhaltung katastrophal sind und die meisten Schlachttiere die Sonne höchstens durch die schmalen Schlitze der Transporter gesehen haben, wissen wir. Um diese Zustände zu ändern, gibt es meiner Meinung nach nur eine Möglichkeit, nämlich, den Fleischkonsum deutlich einzuschränken oder ganz darauf zu verzichten.

Über die mittlerweile enthaltenen Giftstoffe habe ich bereits berichtet. Wenn Sie sich jetzt noch vor Augen führen, wie dieses Fleisch optisch aufgehübscht wird, fällt es Ihnen vielleicht gar nicht mehr so schwer, fleischfrei zu leben. Da ich Sie zu einer überwiegend frischen Ernährung anleiten möchte, bleibt es mir hier nicht erspart, Ihnen zu sagen: Es ist nicht alles frisch, was frisch aussieht. An den Frischetheken unserer Supermärkte werden Rindertartar, Gulasch und Schweineschnitzel appetitlich präsentiert. Das Fleisch schimmert in saftigem Rot und auch das abgepackte Fleisch sieht immer rosarot, zart und frisch aus. Die Optik ist uns eben sehr wichtig! »Unter Schutzatmosphäre verpackt« heißt es auf der Packung. Hört sich gut an. Da denkt man zuerst an Hygiene und Keimfreiheit. Bei diesem Verfahren wird das Fleisch allerdings mit einem Gasgemisch behandelt, das hochgradig mit Sauerstoff angereichert wurde. Dadurch oxidiert der Muskelfarbstoff Myoglobin und die Ware bleibt schön rot, egal, wie alt sie ist. Kein Wunder also, dass immer mehr Supermärkte in ihren Selbstbedienungstheken Fleisch anbieten, das im »Modified Atmosphere Package«-Verfahren mit hohem Sauerstoffanteil (High O2-MAP) verpackt wurde. Dieses Verfahren wird allerdings bei vielen abgepackten Produkten eingesetzt, unabhängig, ob Fleisch, vegetarische oder vegane Produkte. Was diese ganzen Haltbarkeitsprozesse und der Einsatz von Gasen und Chemie gerade in gehäufter Menge mit uns machen, weiß noch keiner so genau.

Auf gepökeltes, gesalzenes und geräuchertes Fleisch sollte man tunlichst verzichten, denn die Zubereitungsart eben dieser Nahrungsmittel steht immer mehr in der Diskussion, zu einem erhöhten Krebsrisiko beizutragen. Hierbei ist es egal, ob es sich um rotes oder weißes Fleisch handelt. Die eingesetzten Nitrate wandeln sich im Darm mithilfe der dort angesiedelten Bakterien wiederum zu anderen Stickstoffverbindungen um. Nitrate werden zu Nitrosaminen und diese werden als darmkrebsfördernd eingestuft.

WISSENSWERTES RUND UMS ÖL

VERSCHIEDENE ÖLE

Jedes Fett oder Öl enthält alle drei Fettsäuren: gesättigte (GFS), einfach ungesättigte (EUFS), mehrfach ungesättigte (MUFS) – nur die Verteilung ist unterschiedlich!

Kokosfett

Kokosfett enthält im Vergleich zu anderen Fetten den höchsten Anteil an gesättigten Fettsäuren (GFS). Dafür enthält es sehr viele mittelkettige Fettsäuren, die besonders gut verdaulich sind. Diesen mittelkettigen Fettsäuren in Kokosfett wird eine gesundheitsfördernde Wirkung nachgesagt, weshalb es auch gerne als Nahrungsergänzung eingesetzt wird.

- GFS 92 %
- EUFS 6 %
- MUFS 2 %

Olivenöl

Olivenöl setzt sich größtenteils aus einfach ungesättigten Fettsäuren (EUFS) zusammen. Damit ist es unter den Pflanzenölen eine große Ausnahme, da die meisten Pflanzenöle überwiegend aus mehrfach ungesättigten Fettsäuren (MUFS) bestehen.

- GFS 15 %
- EUFS 75 %
- MUFS 10 %

Sonnenblumenöl

Sonnenblumenöl ist ein raffiniertes Öl. Es besteht hauptsächlich aus mehrfach ungesättigten Fettsäuren. Hierbei ist aber zu bedenken, dass sich mehrfach ungesättigte Fettsäuren in Omega-3 und Omega-6 teilen. Sonnenblumenöl, Sojaöl und Maiskeimöl sind wie die anderen Industrieöle die größte Quelle für Omega-6-Fettsäuren.

- GFS 8 %
- EUFS 27 %
- MUFS 65 %

Leinsamenöl

Leinsamen, aus denen das Leinöl gewonnen wird, bestehen zum großen Teil aus mehrfach ungesättigten Fettsäuren. Von ihnen sind die meisten der Omega-3-Gruppe zugehörig. Deshalb zählen Leinsamen zu den wichtigsten Quellen für Omega-3.

- GFS 10 %
- EUFS 20 %
- MUFS 70 %

Walnussöl

Die meisten Nüsse bestehen zum größten Teil aus ungesättigten Fettsäuren. Den höchsten Gehalt an Omega-3-Fettsäuren haben die Walnüsse. Nüsse haben eine besonders gesundheitsfördernde Wirkung.

- GFS 11 %
- EUFS 19 %
- MUFS 70 %

NATIVE KALTPRESSUNG

Die besten Öle werden rein mechanisch gepresst. Das heißt, die Ölfrucht, ob Walnuss, Leinsamen oder Oliven, wird einfach ausgequetscht und direkt in Flaschen abgefüllt. Beim Kaltpressverfahren in der Ölmühle werden naturbelassene, also native Speiseöle produziert, oftmals nur in einem einzigen Arbeitsgang. Zur Herstellung von Öl presst man Früchte, Samen oder Kerne von Pflanzen nach der Zerkleinerung oder dem Mahlen unter mechanischem Druck ohne extra Wärmezufuhr aus. Bei diesem Vorgang entstehen in der Regel Temperaturen von 40 bis 60 °C. Das ist die Kaltpressung, da die Hitze nur durch den Druck entsteht.

Die native Kaltpressung bringt ein qualitativ hochwertiges Speiseöl hervor, denn sie erhält durch das schonende Verfahren alle gesundheitsfördernden Inhaltsstoffe wie Vitamine und Fettsäuren. Kaltgepresste Öle weisen in der Regel einen intensiven Eigengeschmack auf, der immer von der verwendeten Ölsaat oder Ölfrucht abhängt. Die Ausbeute von Speiseöl durch native Kaltpressung beträgt nur etwa 40 %. Achten Sie beim Kauf von Ölen darauf, dass sie aus kleinen, am besten inhabergeführten Ölmühlen stammen, denn das ist der beste Garant für Qualität. Wenn Sie direkt bei diesen kleinen Ölmühlen Ihre Öle bestellen, ist das meistens nicht viel teurer als die konventionellen Öle aus dem Supermarkt.

Der Kauf von gutem Olivenöl ist besonders schwierig. Hier sollten Sie immer auf eine mechanische Pressung achten. Das rote Gütesiegel D.O.P. gibt Aufschluss darüber, dass die Oliven auch tatsächlich aus dem Land beziehungsweise der Region der Herstellung stammen. Bei diesem Direktkauf ist der Zwischenhändler ausgeschaltet, deshalb sind die Preise der Qualität entsprechend, aber nicht zu teuer. Außerdem wollen wir ja auch nicht billig, sondern »gut«. Es geht um unsere Gesundheit!

Ein kleiner Nachteil ist, dass native Öle aufgrund ihrer wenigen Vorbearbeitung schneller verderblich sind als raffinierte Öle. Aber auch das ist kein Grund, auf minderwertige, industrielle Öle umzusteigen, da diese raffinierten Öle aufgrund ihrer mangelnden Qualität bereits beim Kauf schlecht sind. Die konventionelle Pflanzenölherstellung ist in der Massenproduktion, wie vieles heutzutage, nicht sehr appetitanregend. Die Rohstoffe werden erst einmal gründlich zerstampft. Anschließend werden sie mit einem benzinartigen Lösungsmittel vermischt. Dieses Extraktionsverfahren ist ein Trennverfahren, bei dem, nach der Zerkleinerung und Pressung, der verbliebene Presskuchen mit Lösungsmitteln wie Benzol oder Hexan aufgemischt wird. Das Extrahieren des Öls aus den Zellverbänden von Samen, Früchten oder Kernen mithilfe eines Lösungsmittels ist sehr viel effektiver als ohne. All das passiert, um das Fett möglichst effizient herauszutrennen. Bei diesem Produktionsverfahren beträgt die Ausbeute aus der Ölfrucht fast 60 %. Danach wird das Fett weiter mit hoher Hitze und verschiedenen Chemikalien behandelt, um es wieder zu reinigen. Das Fett wird bei Temperaturen von 200 °C und mehr von Säure, Schleim und Farbe befreit und desodoriert, das heißt Raffination. Dass hier keine wertvollen, gesundheitsfördernden Inhaltsstoffe mehr enthalten sind, ist logisch. Das Ergebnis ist ein klares, geschmacksneutrales Pflanzenöl, das entweder als Speiseöl angeboten wird oder in der Nahrungsmittelindustrie weiterverarbeitet werden kann.

Raffiniertes Speiseöl ist in der Regel geruchlos, von heller Farbe und langer Haltbarkeit. Fast alle raffinierten Pflanzenöle werden heute auf diese Weise gewonnen. Während dieses Prozesses werden alle gesundheitlich wertvollen ungesättigte Fettsäuren, sekundäre Pflanzenstoffe und Eiweiße aus dem Speiseöl entfernt, um den Rauchpunkt des Öls anzuheben. Es ist also nur noch eine fettige Flüssigkeit ohne eine Spur von wertvollen Inhaltsstoffen wie Vitaminen und Proteinen. Und wo finden wir diese Öle? Klar, in Fast-Food-Produkten und in Convenience Food. In der Nahrungsmittelindustrie werden diese Öle auch in Pommes, Kartoffelchips, fetten und süßen Backwaren wie Croissants, Chicken Wings, Panaden, Soßen, Müsliriegeln, Kuchen, Tiefkühlpizza, Popcorn und allen Fertiggerichten verarbeitet. »Schlechte«, also raffinierte Öle enthalten nicht nur keine gesundheitsfördernden Inhaltsstoffe mehr, sondern sogar gesundheitsschädliche Stoffe (=Transfette). Was sind diese Transfette genau? Es sind künstliche, industriell verarbeitete beziehungsweise chemisch gehärtete Fette und Öle, die reich an ungesättigten Fettsäuren sind. Solche gehärteten Fette findet man z. B. in Margarine. Hier enthalten 100 g sagenhafte 15 g Transfettsäuren. Aber Transfettsäuren entstehen auch beim Erhitzen und Braten von ungesättigten Fettsäuren. Transfettsäuren beeinflussen unser Cholesterin, sie erhöhen das schlechte LDL-Cholesterin und senken das gute HDL-Cholesterin. Sie legen sich wie eine klebrige Masse auf Zellwände, Blutbahnen sowie Nerven und beeinträchtigen diese in ihrer Funktion, wodurch das Risiko für Herz-Kreislauf-Erkrankungen steigt. Aufgrund der gesundheitlichen Risiken empfiehlt die Deutsche Gesellschaft für Ernährung, weniger als 1 % der täglichen Nahrungsenergie in Form von Transfettsäuren aufzunehmen. Um das zu erreichen, sollten industrielle Fertigprodukte weitestgehend gemieden werden. Aber wie soll man diesen Wert im Einzelnen so einfach feststellen? Der Transfettsäuregehalt eines Lebensmittels muss nämlich nicht angegeben werden. Einen Hinweis auf Transfette gibt es, wenn auf der Packung beispielsweise »enthält gehärtete Fette« oder »pflanzliches Fett, z. T. gehärtet« steht. Bei nicht verpackten Produkten wie Burgern und Backwaren gibt es gar keine Auszeichnun. Die Konzentration in Nahrungsmitteln, die man im Handel findet, ist wirklich variabel. Als Verbraucher*in kann man das nicht aufschlüsseln. Sicher ist aber vom Verzehr frittierter Lebensmittel in Fast-Food-Restaurants und in Imbissstuben abzuraten. Dort wird das Frittieröl nämlich stundenlang dauererhitzt, wodurch ein giftiges Gemisch aus Transfetten und anderen Fetten entsteht. Transfettsäuren sind in den USA vor Kurzem ganz verboten worden. Allerdings gibt die Lebensmittelbehörde den Herstellern noch drei Jahre Zeit, um die gefährlichen Fettsäuren vollständig aus Kuchen, Chips und Tiefkühlpizzen herauszubekommen. In Deutschland gibt es die Empfehlung der DGE, aber ein Verbot ist nicht in Sicht. Hier existiert nicht einmal ein Grenzwert, und auch an Aufklärung mangelt es.

Ein paar Tipps für einen guten Umgang mit Ölen und Fetten:

- Nur qualitativ hochwertige Pflanzenöle verwenden.
- Öle nicht zu sehr erhitzen.
- Nur native, kaltgepresste Öle kaufen.
- Öl immer in dunklen Glasflaschen kaufen.
- Auf »versteckte« Fette in Fertiggerichten, Fast Food und Convenience-Produkten achten und diese vermeiden. Das gilt auch für vegetarische oder vegane Convenience-Produkte.
- Keine Produkte mit fertigen Panaden kaufen.
- Auf die versteckten Fette in Wurst, Käse, Kuchen und (Salat-)Soßen achten und so weit wie möglich vermeiden.
- Pflanzliche Fette und Öle bevorzugen, da sie reich an ungesättigten Fettsäuren sind.
- Tierische Fette reduzieren, denn sie enthalten viele gesättigte Fettsäuren.
- Faustregel: Je flüssiger ein Fett ist, desto höher ist der Anteil an ungesättigten Fettsäuren.
- Speisen fettarm zubereiten.
- Zubereitungsarten, bei denen kein zusätzliches Fett nötig ist, anwenden (z. B. Gemüse dünsten).

Picknick: ESSEN AUS DER NATUR

Wir müssen wieder ein normaleres Verhältnis zur Natur bekommen. Lebensmittel mit vielen synthetischen Zusatzstoffen aus Plastikverpackungen zu essen ist für uns mittlerweile »normal«. Wildkräuter zu essen ist uns hingegen fremd geworden. Das sollten wir ändern! Hier kommen meine Ideen und Rezepte, wie Sie das im Alltag ganz leicht hinkriegen.

Wildkräuter-Salat

Wenn Sie sich erinnern, was ich über die Mikroorganismen im Abschnitt Vitamin B_{12} geschrieben habe, können wir in Wildkräutern all die Nährstoffe finden, die uns in unserer heutigen Ernährungskultur verloren gegangen sind.

ZUTATEN
(Menge je nach Personenzahl):

WILDKRÄUTER:
Löwenzahn
Giersch
Rotklee-Blüten
Gänseblümchen

AUSSERDEM:
Baby-Spinat
Basilikum
1 große Tomate
2–3 Radieschen

FÜR DAS DRESSING:
Apfelessig
Pflanzenöl
Steinsalz
frischer Pfeffer
Senf

1. Die Wildkräuter zart putzen (sie müssen nicht unbedingt gewaschen werden, das ist aber Einstellungssache). Den Spinat waschen, trocken schütteln und verlesen. Das Basilikum waschen, trocken schütteln und die Blätter von den Stielen zupfen. Tomate waschen, Stielansatz entfernen und in kleine Stücke schneiden. Radieschen waschen und in dünne Scheiben schneiden.
2. Alle Zutaten für das Dressing verrühren. Die Kräuter und das Gemüse vermischen und das Dressing darüberträufeln.

Den Salat können Sie auch auf Pancakes servieren. Das Rezept dazu finden Sie auf Seite 117.

Löwenzahnpesto

ZUTATEN
Für 200 g

100 g Sonnenblumenkerne (alternativ Pinienkerne)
1 dicker Strauß junger Löwenzahn (ca. 150 g)
1–2 kleine, frische Knoblauchzehen
ca. 80–90 ml Olivenöl
1 gehäufter EL Mandelmus (nach Belieben)
Steinsalz
Pfeffer
Chilipulver (nach Belieben)

1. Die Kerne in einer Pfanne ohne Öl vorsichtig rösten. Das ergibt ein angenehm nussiges Aroma.
2. Die Löwenzahnblätter (sie sollten möglichst jung und zart sein) waschen, trocken schütteln und grob hacken.
3. Die Knoblauchzehen schälen. Löwenzahn, Knoblauch und Sonnenblumenkerne in einen Mixer geben oder in einem hohen Gefäß mit einem Pürierstab fein zerkleinern. Dabei nach und nach das Öl zugeben.
4. Zum Schluss nach Belieben das Mandelmus unterrühren und mit Salz, Pfeffer und nach Belieben Chili abschmecken.

Wer keine Furcht vor den guten Bitterstoffen hat, kann auch große, ältere Löwenzahnblätter pflücken.

REZEPTE MIT BRENNNESSELN

Haben Sie schon einmal Brennnessel gegessen oder getrunken? Nein? Dann wird es aber höchste Zeit! Sie wachsen überall um uns herum. Brennnesseln sind aufgrund zahlreicher Inhaltsstoffe sehr gesund und zudem schmackhaft. Ihre gesundheitliche Wirkung ist bereits seit Jahrtausenden bekannt und die Pflanze somit ein fester Bestandteil traditioneller Heilmethoden. Ihre Inhaltsstoffe sind einfach glorreich. Aufgrund des wilden Wachstums sind Brennnesseln noch relativ ursprünglich und nicht durch verschiedene Züchtungen degeneriert. Wenn Sie Brennnesseln im Garten haben, dann freuen Sie sich und entfernen Sie sie nicht mehr! Sie sind kein Unkraut, sondern ein Geschenk der Natur. Brennnesseln enthalten viele Vitamine, besonders die Vitamine A, E, B_2, B_5 und C und auch Spurenelemente und Mineralstoffe wie Kalzium, Kalium, Phosphor, Eisen und Mangan. Sie besitzen etwa 30 % Proteine, viele davon mit essenziellen Aminosäuren. Insbesondere für Sportler sind Brennnesseln und ihre Samen somit eine perfekte Quelle für hochwertiges, pflanzliches Eiweiß. Zudem wirken sie blutreinigend und entwässernd. Brennnesselsamen sind ebenfalls sehr zu empfehlen, sie helfen vor allem bei Osteoporose und Wechseljahresbeschwerden. Auch wird ihnen nachgesagt, eine aphrodisierende Wirkung zu besitzen, weshalb z. B. im Mittelalter Geistlichen der Genuss verboten war. Haben wir ein Glück, dass sie heutzutage erlaubt sind!

Brennnesseltee

aus frischen Blättern

Einfacher könnte es nun wirklich nicht sein. Nehmen Sie 8–12 Blätter, je nach Größe, und übergießen Sie sie mit 1 l heißem Wasser. Lassen Sie den Sud 15 Minuten ziehen und schon haben Sie den besten Tee der Welt!

aus getrockneten Blättern

Es ist wirklich nicht schwer, die Blätter zu trocknen. Der Sommer eignet sich dafür wunderbar. Natürlich kennen fast alle den schmerzhaften Kontakt mit der Brennnessel. Verantwortlich dafür sind winzige »Brennhaare« Bitte tragen Sie Handschuhe. Der Mehraufwand lohnt sich wirklich, durch die natürlichen Nährstoffe werden wir belohnt. Sammeln Sie die Brennnesseln am besten so, dass Sie das obere Drittel der Pflanze abschneiden. Schütteln Sie die Pflanze etwas aus, dadurch werden die Brennhaare entfernt. Zupfen Sie dann die einzelnen Blätter ab und legen Sie sie auf ein Gitter oder einen Netzuntergrund, damit die Blätter von allen Seiten gut trocknen können. Zum Trocknen sollten die Blätter nicht direkt in der Sonne stehen, besser in einem gut durchlüfteten, trockenen Raum. Schon nach 3–4 Tagen sind die Blätter trocken, und sie können zur Aufbewahrung in ein Einmachglas abgefüllt werden. Für einen Tee aus getrockneten Brennnesseln benötigen Sie weniger als von den frischen Blättern (etwa 1 TL für 200 ml Wasser).

Brennnesselsalat

ZUTATEN
für 2 Portionen:

400 g Brennnesseln
1 frische Knoblauchzehe
1 Bio-Zitrone
3 EL Olivenöl
1 EL naturtrüber Apfelsaft
1 Prise Steinsalz
frischer Pfeffer aus der Mühle
½ Apfel
2–3 Radieschen
5–8 Gänseblümchen
1 Tomate

1. Brennnesseln leicht abwaschen und mit einem Küchentuch trocken tupfen. Falls die Blätter sehr groß sind, können Sie sie etwas kleiner zupfen. Die Knoblauchzehe schälen, pressen oder sehr fein hacken. Die Zitrone heiß abwaschen und trocken reiben. Die Hälfte der Schale abreiben und den Saft auspressen.

2. Zitronensaft, -abrieb, Olivenöl, Apfelsaft, Steinsalz und Pfeffer zu einem Dressing vermischen. Den Apfel und die Radieschen waschen und in feine, kleine Stücke schneiden. Die Tomate waschen, Stielansatz entfernen und in Stücke schneiden. Das Gemüse zusammen mit den Gänseblümchen unter die Brennnesseln heben und das Dressing dazugeben.

Mein Tipp für das perfekte Dressing: Alles in ein sauberes Marmeladenglas füllen, gut zuschrauben und schütteln.

SPROSSEN: DIE KLEINEN KRAFTBOLZEN

Pimp your power: Die Konzentration der Vitamine und Mineralstoffe ist in Sprossen meist mindestens doppelt so hoch wie in der ausgewachsenen Pflanze. Da sich die meisten Sprossen und Keimlinge roh genießen lassen, gehen bei der Zubereitung zudem keine der gesunden Vitalstoffe durch Hitze verloren. Sprossen wachsen aus Hülsenfrüchten, Getreide, Nüssen oder Gemüsesamen. Die kleinen Samen haben viele, ganz unterschiedliche Geschmacksnuancen, ob süßlich, nussig oder scharf. Was ist nun wirklich das Besondere an den Sprossen? In ihnen steckt alles, was eine Pflanze zum Wachsen braucht. Diese ganze Kraft können wir für uns nutzen. Mit ein wenig Wasser, Licht und Zeit sprießen wahre Kraftpakete heran. Hier der Clou – Sprossen einfach selber ziehen, dann haben Sie das ganze Jahr über frische und leckere Nährstofflieferanten! Sprossen und Keimlinge zu Hause ziehen ist ganz einfach:

Sie brauchen nur:

- Keimgläser, diese haben einen Gitterdecke oder ein Einmachglas und ein Sieb
- Sprossen-Box
- Sprossenschale
- Flies, Küchentuch oder Watte
- einen Platz auf der Fensterbank oder in der Küche

WICHTIGE TIPPS FÜR DEN RICHTIGEN UMGANG MIT SPROSSEN

Hygiene ist bei Sprossen ein wichtiges Thema. Sie wissen bestimmt, dass selbst gesunde Lebensmittel durch eine hohe Keimbelastung krank machen können. Bereits mit wenigen Vorgaben lässt sich eine erhöhte Keimbelastung leicht vermeiden. Sprossen und Keimlinge sind gesund, weil sie reich an gesunden Kohlenhydraten, Vitaminen, Mineralstoffen und sekundären Pflanzenstoffen sind.

Das sollten Sie beachten:

- Keimgerät und Utensilien vor Benutzung mit kochend heißem Wasser reinigen.
- Hände gründlich waschen.
- Keimsaat bei Raumtemperatur keimen lassen (18–22 °C).
- Keimvorgang sollte nicht in direkter Sonne geschehen.
- Sprossen nicht in der Nähe von anderen Lebensmitteln (besonders Fleisch) zubereiten.
- Kontakt mit Spülbecken und genutzten Handtüchern meiden.
- Das Sprossenwasser nicht für andere Lebensmittel nutzen (außer zum Blumen gießen).
- Frische, fertige Keimlinge bei etwa 4–6 °C lagern.
- Vor dem Verzehr die Sprossen gründlich waschen.

SO FUNKTIONIERT DAS PROJEKT »SPROSSEN ZIEHEN«

Sprossen und Keimlinge wachsen in Gefäßen aus Glas, Keramik, Plastik oder Ton. Im Prinzip ist es immer der gleiche Vorgang. Geben Sie einen Esslöffel Samen in ein Sieb und spülen Sie sie unter fließendem Wasser ab. Dann füllen Sie die Samen in das Keimglas und bedecken es mit der doppelten Menge Wasser. Die Samen lassen Sie nun, je nach Samenmischung oder Samen, zwischen einer und acht Stunden einweichen und gießen anschließend das Wasser ab. Für den Anfang eignen sich am besten Sprossengläser. Sie nehmen wenig Platz weg und lassen sich gut reinigen.

Alfalfa-Sprossen im Keimglas selbst ziehen

Perfekt für Anfänger*in eignen sich Alfalfa-Sprossen. Sie lassen sich einfach ziehen und sind nicht ganz so intensiv im Geschmack. Alfalfa enthält unter anderem die Vitamine A, B_1, B_6, C, E und K, zudem Magnesium, Eisen, Kalium, Kalzium, Zink und Phosphat, die essenziellen Aminosäuren Tryptophan und Tyrosin und einen hohen Anteil Saponin. Ihr enthaltenes Chlorophyll und die sekundären Pflanzenstoffe wirken entgiftend und können vor entzündungsbedingten Krankheiten und Krebs schützen und unser Immunsystem stärken. Mit diesen Zutaten bauen Sie ganz einfach in 6–7 Tagen knackig-frische Alfalfa-Sprossen, die in jeder Jahreszeit vitaminreiches Grün bringen, in der Wohnung an:

- 1 Sprossenglas
- 1–3 EL Alfalfa-Samen

Die Samen müssen mindestens 1-mal täglich gespült werden, bei heißem Wetter sogar 2- bis 3-mal. Das Spül- oder Gießwasser muss immer abgegossen werden (Sie können es allerdings zum Blumengießen benutzen). Nach ein paar Tagen beginnen die Samen zu sprießen, und nach etwa sechs Tagen sind sie fertig.

Brokkolisamen

Unter allen Keimlingen ist Brokkoli der Superstar und ein echtes Kraftwerk. In Brokkolisamen sind Mineralstoffe und Spurenelemente wie Natrium, Eisen, Kalzium, Zink, Kalium, Phosphor, Vitamine B, C und E, Carotinoide und jede Menge andere sekundäre Pflanzenstoffe wie auch das Senfölglykosid. Zudem enthalten Brokkolisprossen wie auch der große Bruder, der Brokkoli, einen Inhaltsstoff namens Sulforaphan. Dieses Sulforaphan hat eine zellschützende Funktion, es wird auch gesagt, dass dieser Stoff Zellen reparieren kann. In den Sprossen ist er um ein Vielfaches konzentrierter als in dem ausgewachsenen Gemüse. Es wird angenommen, dass in den Sprossen 20- bis 100-mal so viel Sulforaphan enthalten ist wie in Brokkoli. Also beinhalten 30 g Brokkolisprossen genauso viel dieses Wirkstoffes wie 600 g ausgewachsener Brokkoli. Nichts gegen den großen, ausgewachsenen Bruder, aber es ist einfach viel praktischer, die 30 g Sprossen jeden Tag in die Ernährung einzubauen als das Gemüse. Über Sulforaphan wird gesagt, dass es eine krebsbekämpfende Substanz ist, die außerdem bei der Behandlung von Alzheimer helfen kann und ganz nebenbei auch noch jene Enzyme blockiert, die Arthritis verursachen können. Brokkoli ist ein Kreuzblütler-Gemüse, deshalb ist es für Menschen mit einer Allergie auf Kreuzblütler leider nicht zu empfehlen. Ansonsten ist der Weg frei, und diese Sprossen sollten unbedingt auf unserem Speiseplan stehen.

SO WIRD ES GEMACHT:

- 2 EL Brokkolisamen werden in ein kleines Sieb gegeben und unter fließendem Wasser gut abgespült. Nun die Keimlinge in ein Keimglas geben und dieses mit Wasser bis oben hin auffüllen. Sie benötigen jetzt etwa 6 Stunden Quellzeit.
- Dann das Wasser wegschütten und die Sprossen noch einmal abspülen. Nun beginnt das Keimen. Die Sprossen sollten jeden Tag 2-mal gegossen werden. Ob im Keimglas oder der Sprossenschale, die Keimlinge sollten nie im Wasser stehen. Brokkolisamen keimen am liebsten bei indirekter Sonneneinstrahlung. Stellen Sie das Keimglas deswegen an einen warmen und hellen Ort in Ihrer Wohnung, aber bitte nicht in die direkte Sonne.

- Jetzt ist nichts mehr zu tun, als zu warten und täglich 2-mal zu gießen. Ernten können Sie die Sprossen nach etwa 5–7 Tagen. Am besten verwenden Sie die Sprossen gleich aus dem Keimglas und geben Sie frisch auf Brot, als Topping über ein Gericht oder in den Salat.
- Frischer und gesünder geht es wirklich nicht. Der Rest hält sich für 2–3 Tage in einer luftdichten Dose im Kühlschrank. Am besten ist es, wenn Sie nach der Ernte gleich eine neue Saat ansetzen.

Mungobohnen

Diese Bohnen sind eine der besten pflanzlichen Proteinquellen (220 g enthalten etwa 14,2 g Eiweiß). Sie sind aber auch reich an essenziellen Aminosäuren, wie Phenylalanin, Leucin, Isoleucin, Valin, Lysin und Arginin. Zudem enthalten die Bohnen die Vitamine A, B_1, B_2, B_3 (Niacin), B_5, B_{12} sowie C, E, aber auch Selen und Folsäure. Außerdem sind sie auch Lieferanten von Kalium und Phosphor sowie Kalzium, Eisen und Magnesium. Als wären das nicht schon ausreichend überzeugende Argumente, enthält die kleine grüne Mungobohne auch noch viele gesunde Antioxidantien, einschließlich Phenolsäuren, Flavonoide, Kaffeesäure und Zimtsäure. Antioxidantien helfen potenziell, schädliche Moleküle zu neutralisieren, die als freie Radikale bekannt sind. Diese Antioxidantien können chronische Krankheiten und Entzündung vorbeugen wie Herzerkrankungen und Krebs.

MUNGOBOHNENKEIMLINGE ZIEHEN

Mit ihrem milden Geschmack lassen sie sich in der Küche vielseitig kombinieren. Zudem keimt die Bohne schnell und unkompliziert, sodass auch Anfänger prima mit ihr klarkommen. Zum Ansetzen benötigen Sie:

- 1½ EL Mungbohnen
- 1 Keimglas
- 1 Schüssel zum Einweichen

Vor der eigentlichen Keimung müssen die Mungobohnen etwa 12 Stunden in kaltem Wasser eingeweicht werden, am besten abgedeckt im Dunkeln. Das Volumen vergrößert sich dabei bis auf das Siebenfache. Das Einweichwasser muss danach abgegossen werden. Schon nach dem Einweichen können Sie sehen, dass die Keimung begonnen hat. Die Schale ist aufgeplatzt und ein kleiner Keim beginnt zu sprießen.

Füllen Sie die Bohnen in das Keimglas um, wo sie täglich mindestens 2-mal gewässert und gespült werden. Nach etwa 3–4 Tagen sind die Sprossen schon fertig und essbar. Anders als bei anderen Bohnen enthält die Mungobohne kein giftiges Phasin, deshalb kann sie roh gegessen werden. Die knackigen Mungbohnensprossen schmecken süßlich-mild. Sie können nicht nur zu pikanten Gerichten oder Salaten kombiniert werden, sondern auch zum Müsli oder im Obstsalat. Im Smoothie sorgen sie für den zusätzlichen Eiweißkick.

Rucola

Die beliebte Salatpflanze ist auch als Rauke bekannt. Botanisch gehört sie zu der Familie der Kreuzblütler und ist somit entfernt mit der Kresse oder dem Kohl verwandt. Rucola wurde schon im Mittelalter als harntreibendes und verdauungsförderndes Mittel verwendet. Dies liegt an den Senfölen, die in der Rauke enthalten sind. Die darin enthaltene Folsäure ist für schwangere Frauen sehr wichtig und kann zudem Herzinfarkten, Schlaganfällen und Demenz vorbeugen. Ihre Inhaltsstoffe sind Vitamine A, B_1, B_2, B_3, C, D sowie Kalium, Kalzium und Phosphor.

RUCOLASPROSSEN ZIEHEN

Geschmacklich liegen die Sprossen zwischen Alfalfa und der Kresse, sie haben ein angenehm scharfes Aroma. Sie können zum Verfeinern von Salaten, Suppen oder als Brotbelag verwendet werden. Rucolasprossen peppen jeden Salat nicht nur geschmacklich und optisch auf, sie liefern neben den schon genannten Inhaltsstoffen auch noch natürliches Jod. Rucolasprossen lassen sich nur sehr schwer von ihren Samenhüllen befreien. Am besten ernten Sie sie mit einer Schere wie die Kresse. Zum Ansetzen benötigen Sie:

- 1 EL Rucolasamen
- 1 Teller oder Sprossenschale mit Vlies oder Küchentuchunterlage
- Sprühflasche zum Befeuchten

Rucolasamen gehören zu den gelierenden Samen, deshalb müssen sie nicht vor dem Keimvorgang eingeweicht werden. Bereiten Sie eine Unterlage aus Vlies, einem Küchentuch oder Watte vor. Ich nehme gerne den Gitterdeckel von Sprossengläsern, die ich umgekehrt in eine Schüssel stelle. Verteilen Sie die Samen gleichmäßig und so, dass sie sich auf der Unterlage nicht überlagern. Befeuchten Sie die Samen 2- bis 3-mal täglich, am besten mit einer Sprühflasche. Der Rucolasamen-Ansatz sollte gut belüftet sein. Schon nach 4–5 Tagen können Sie dann Ihre Sprossen ernten.

Kresse

Gartenkresse enthält viel Vitamin C, das unter anderem am Aufbau von Bindegewebe und Knochen beteiligt ist. Sie enthält auch Vitamine der B-Gruppe. Kresse liefert daneben Kalium und Kalzium, sowie Eisen. Kalium ist z. B.gut für die Knochen, während Eisen eine wichtige Rolle für die Blutbildung spielt.

KRESSE SELBER ZIEHEN

Der scharfe und würzige Geschmack der Kresse geht auf Senfölglykoside zurück. Kresse selber ziehen ist ganz einfach. Sie brauchen:

- Kressesamen (Menge je nach Größe der Schüssel, die Samen sollten locker gestreut sein, sodass man das Küchenpapier überall noch sieht)
- 1 Schüssel
- 1 Gitter
- Küchentuch oder Vlies

Bereiten Sie eine Unterlage aus Küchenpapier oder Vlies in der Schüssel. Verteilen Sie die Samen so, dass sie sich auf der Unterlage nicht überlagern. Befeuchten Sie die Samen 2- bis 3-mal täglich, am besten mit einer Sprühflasche. Schon nach 1 Tag sehen Sie, wie die Kresse wächst. Nach 4–5 Tagen kann bereits geerntet werden. Kresse mit einer Schere schneiden und genießen.

Nori-Rollen mit Avocado und Sprossen

Hier bekommen wir einfach und mehrfach ungesättigte Fettsäuren, Vitamin B und E, Kalium, Folsäure, Beta-Carotin, Magnesium, Eiweiß, Ballaststoffe, aber eben auch Jod. Dazu kommt die Power der frischen Sprossen!

ZUTATEN

für 4 Rollen:

2 Avocados
1 Prise Steinsalz
1 Prise frischer Pfeffer aus der Mühle
1 TL Apfelessig
1 TL Walnussöl
4 Noriblätter
je 50 g Alfalfa- und Mungobohnen-Sprossen

1 Bambusmatte zum Rollen

1. Die Avocados halbieren, Stein entfernen und das Fruchtfleisch aus der Schale lösen. In eine Schüssel geben und mit einer Gabel zerdrücken.
2. Mit Salz, Pfeffer, Essig und Öl verrühren.
3. Je 1 Noriblatt auf die Bambusmatte legen, zur Hälfte mit ¼ der Avocadocreme bestreichen, die Sprossen darauf verteilen und mithilfe der Matte aufrollen.

Nori-Rollen mit Süßkartoffeln und Sprossen

ZUTATEN
für 4 Rollen:

2 mittelgroße Süßkartoffeln
1 Prise Steinsalz
1 Prise frischer Pfeffer aus der Mühle
1 TL Apfelessig
1 TL Walnussöl
4 Noriblätter
je 50 g Alfalfa-Sprossen und Mungobohnen-Sprossen
Tamari-Sojasoße zum Servieren (nach Belieben)

1 Bambusmatte zum Rollen

1. Die Süßkartoffel mit einer Gemüsebürste abbürsten und mit Schale etwa 15–20 Minuten in reichlich Wasser gar kochen. Die Kartoffeln abgießen, abkühlen lassen, aufschneiden, das Fruchtfleisch aushöhlen und in einer Schüssel mit Salz, Pfeffer, Essig und Öl vermengen und die Süßkartoffeln dabei gut zerdrücken.

2. Je 1 Nori-Blatt in der unteren Hälfte mit ¼ des Breis bestreichen, am besten mit einer Gabel. Nun die Sprossen darauf verteilen und mithilfe der Bambusmatte rollen. Gerne können Sie dazu eine Sojasoße servieren. Ich empfehle hier eine Tamarisoße, diese ist natürlich fermentiert, bio sowie glutenfrei und aus diesen Gründen viel besser verträglich als konventionelle Sojasoße.

Frühstück UND GRUND-REZEPTE

Ein gesundes und ausgewogenes Frühstück ist der perfekte Start in den Tag. So kommt kein Heißhunger auf und man hat Energie für die bevorstehenden Aufgaben.

Einfach: Veganes Rührei – besser geht es nicht!

ZUTATEN
für 2 Portionen:

130–150 g Seidentofu
130–150 g Naturtofu
1 Schalotte
Pflanzenöl
50–80 g Räuchertofu als Schinkenersatz (nach Belieben)
½ TL Kala-Namak-Salz (indisches Schwefelsalz)
1 TL Kurkumapulver
Kräuter, Tomaten, etc. (nach Belieben)

1. Seiden- und Naturtofu in einem tiefen Teller mit einer Gabel zerdrücken. (Falls Seidentofu nicht vorhanden ist, nur mit Naturtofu arbeiten, dann aber mit 5 EL Wasser zerquetschen.)
2. Schalotte schälen, klein schneiden und in der Pfanne mit etwas Öl anschwitzen.
3. Nach Belieben den Räuchertofu in kleine Würfel schneiden und mitbraten. Die Hitze reduzieren und nach etwa 2 Minuten den restlichen Tofu, Kala-Namak-Salz und Kurkuma in die Pfanne unterheben. 2–3 Minuten braten.
4. Nach Belieben Kräuter, Tomaten etc. hinzufügen.

Kala-Namak-Salz hat einen ganz hohen Anteil an Eisen und Schwefelwasserstoff und ist ein sehr gutes Würzmittel. Bitte nicht zu viel auf einmal verwenden, dosieren Sie lieber nach und nach.

Buchweizen-Pancakes

Dieses Grundrezept wird Ihr Leben verändern. Der Teig ist einfach und schnell hergestellt. Sie können unglaublich viele verschiedene Speisen damit zubereiten. Ob süß oder salzig, ob warm oder kalt, ob als Hauptgericht oder Snack, ob als Pausenbrot oder Lunchpaket – Sie werden es lieben! Der Teig ist eine gute Grundlage für diverse Rezepte: Pancakes, Pfannkuchen, Blinis, Burger, Wraps … Auf den folgenden Seiten stelle ich Ihnen zum Beispiel den Ohlala-Burger, den Wildkräutersalat, den Karottenlachs oder den Hackpeter aus Reiswaffeln vor. Diese Rezepte schmecken einfach fantastisch und landen häufiger bei mir auf dem Esstisch.

ZUTATEN

für ca. 10 Pancakes:

300 g Buchweizenmehl
2 gestr. TL Backpulver
1 TL Steinsalz
2 EL Rohrohrzucker
400 ml Haferdrink
50 ml Mineralwasser (mit oder ohne Kohlensäure)
etwas Rapsöl zum Ausbacken

1. Mehl, Backpulver, Salz und Rohrzucker in eine Schüssel geben. Den Haferdrink langsam dazugeben und alles gut vermischen.
2. Die Teigmasse etwa 15–20 Minuten ziehen lassen, dann das Mineralwasser dazugeben und wieder gut vermischen.
3. Etwas Öl in die Pfanne geben und, je nachdem, was Sie zubereiten wollen, die Menge an Teig in die Pfanne geben und braten. Wiederholen, bis der Teig aufgebraucht ist.

WRAPS

Wenn Sie diesen Grundteig mit etwas mehr Wasser strecken, können Sie auch ganz wunderbare Pfannkuchen machen und diese zu Wraps rollen. Diese können dann süß oder salzig gegessen werden. Die Buchweizenfladen (Blinis) können Sie sehr gut vorbereiten und im Kühlschrank über mehrere Tage aufbewahren. Sie können wie eine ganz normale Scheibe Brot belegt und gegessen werden. Dieses Grundrezept hat mein Leben komplett verändert! Probieren Sie es unbedingt aus. Besonders gut schmecken die Wraps mit Hummus. Das Rezept dazu finden Sie auf Seite 163. Als Füllung passen zum Beispiel Tomaten, Gurken und Rucola.

ROHKOST-KONFITÜREN

Da wir in diesem Buch über Zusatzstoffe und industriell gefertigte Nahrungsmittel sprechen, erklärt es sich von selbst, dass wir hier auch zum Thema Konfitüre kommen. Auch ich habe lange Jahre Konfitüre gekauft. Ab und zu habe ich selber welche gemacht, fand das aber immer sehr aufwendig. Nun kommt der Clou: einfach Rohkost-Konfitüre selber machen. Diese Idee kam mir erst, nachdem ich mir vor sechs Jahren einen Hochleistungsmixer angeschafft hatte. Die Lösung für einen fruchtigen und gesunden Brotaufstrich oder Fruchtmus ohne Industriezucker. Sie können diese Konfitüren mit frischen oder gefrorenen Früchten und superschnell zubereiten.

Da die Rohkost-Konfitüren keinen zusätzlichen Zucker und keine Konservierungsmittel enthalten, sind sie nicht sehr lange haltbar. Bereiten Sie am besten immer nur so viel zu, wie Sie in 2–3 Tagen verbrauchen werden.

Erdbeere

ZUTATEN
für 1 Glas (200 ml):

1 Banane
2 Handvoll Erdbeeren
1 EL Chiasamen (nach Belieben)

Banane schälen und in große Stücke schneiden. Erdbeeren waschen und das Grün entfernen. Die Früchte in den Mixer geben und pürieren. Falls die Konsistenz des Erdbeermuses etwas fester sein soll, geben Sie noch Chiasamen dazu.

Brombeere

ZUTATEN
für 1 Glas (200 ml):

1 EL Chiasamen
1 Handvoll Brombeeren
4–5 Datteln (ohne Stein)

Die Chiasamen in 3–4 EL Wasser 5–10 Minuten quellen lassen. Die Brombeeren nach Belieben waschen. Alle Zutaten zusammen in den Mixer geben und gut mixen.

Himbeere

ZUTATEN
für 1 Glas (200 ml):

150 g Himbeeren (TK)
2 EL Chiasamen
5–6 Datteln (ohne Stein)

Die Himbeeren auftauen, das Tauwasser abgießen, aber aufheben. Die Chiasamen im Tauwasser 5–10 Minuten quellen lassen oder das Wasser zum Verdünnen der Konfitüre aufheben. Alles in den Mixer geben und fein pürieren. Je nach gewünschter Konsistenz mit dem beiseite gestellten Wasser verdünnen.

Blaubeere

ZUTATEN
Für 1 Glas (200 ml):

2–3 TL Chiasamen
2 Handvoll Blaubeeren
4–5 Datteln (ohne Stein)
2 EL frischer Zitronensaft

Die Chiasamen in 4–5 EL Wasser 10 Minuten quellen lassen. Die Blaubeeren waschen. Alle Zutaten in den Mixer geben und fein pürieren. Je nach Konsistenz noch etwas Wasser dazugeben.

AUFSTRICHE UND ALLES, WAS AUFS BROT KANN!

Apfel-Kokos-Brotaufstrich

Dieser herzhafte Aufstrich erinnert mich an das Griebenschmalz, das es früher immer bei meiner Oma gab. Er ist einer meiner liebsten Brotaufstriche. Ganz einfach und superschnell gemacht, schmeckt er ganz köstlich. Die Zutaten sind auch sehr überschaubar: Kokosöl, Schalotten, Äpfel und Gewürze. Es kann nicht nur als Brotaufstrich, sondern auch zum Anbraten oder Verfeinern von Gerichten verwendet werden.

ZUTATEN

für 1 Glas (ca. 200 ml):

- 2 mittelgroße Schalotten
- 1 Apfel (keinen zu sauren Apfel, also z. B. Braeburn)
- 200 g Kokosfett
- Steinsalz
- Pfeffer
- 2 Msp. Curry
- 1 Msp. geräuchertes Paprikapulver
- ½ Msp. Galgant (nach Belieben)

1. Schalotten und Apfel schälen und in ganz feine, kleine Würfel schneiden. Etwas Kokosfett in der Pfanne erwärmen und Schalotten- und Apfelwürfel kurz anschwitzen. Die Würfel sollen nur eine ganz leichte Farbe erhalten und nicht braun werden. Das restliche Kokosfett dazugeben und 5–8 Minuten auf kleiner bis mittlerer Flamme erhitzen. Dadurch geben die Schalotten und der Apfel ihr Aroma an das Kokosfett ab.
2. Mit Salz, Pfeffer, Curry, Paprikapulver und nach Belieben Galgant würzen und vom Herd nehmen. Abkühlen lassen, bis das Kokosfett bei Zimmertemperatur eine streichfeste Konsistenz erreicht. Zur Aufbewahrung in ein Schraubglas abfüllen.

Karottenlachs

Das ist ein ganz neues Geschmackserlebnis. Erst kann man es kaum glauben, aber es ist wahr. Das Tolle daran: Es ist einfach und gesund. Wer Fisch isst, um Omega-3-Fettsäuren zu sich zu nehmen, sich dabei aber nicht mehr so richtig gut fühlt, der kann sich jetzt freuen. Diesen Karottenlachs können Sie auf Brot oder Pancakes (Rezept siehe Seite 117) essen oder auch als Füllung für Sushi verwenden.

ZUTATEN

für ca. 200 g Karottenlachs:

FÜR DIE MARINADE:

- 1 EL Reisessig
- 1 EL Sonnenblumen-, Walnuss- oder Rapsöl
- 2–3 EL Leinöl (am besten frisch aus einer Ölmühle)
- etwas Agavendicksaft (nach Belieben)
- 1–2 TL Liquid Smoke (nach Belieben, ist Geschmacksache)

FÜR DEN KAROTTENLACHS:

- 1–2 große Karotten

1. Alle Zutaten für die Marinade gut verrühren und beiseite stellen. Karotten waschen und mit einem Sparschäler schälen. Die geschälten Karotten mit dem Spar- oder Gemüseschäler weiter in dünne Karottenscheiben aufschneiden.
2. Die feinen Karottenscheiben in einem Topf mit Dünsteinsatz etwa 4–5 Minuten dämpfen. Die lauwarmen Karottenstreifen in die Marinade geben und gut unterheben.
3. Mindestens 3 Stunden ziehen lassen (die Einwirkzeit kann auch auf 1–2 Tage verlängert werden). Je nach Rezept weiterverwenden oder auf Brot und Pancakes anrichten und genießen.

Tomatenaufstrich

Ein pflanzlicher Brotaufstrich ohne unzählige Zusatz- und Konservierungsstoffe – da wissen wir, was drin ist!

ZUTATEN
für ca. 250 g:

- 2 gehäufte EL Tomatenmark
- 3–4 kleine, vorgekochte Kartoffeln (gerne mit Schale)
- 1 frische Knoblauchzehe, geschält
- 1 Msp. Cayennepfeffer (nach Belieben)
- 4–5 EL Brottrunk (z. B. von Kanne, probiotisch)
- 2–3 EL Traubenkernöl (von einer guten Ölmühle)
- 1 Prise frischer oder getrockneter Liebstöckel
- ¼ TL Steinsalz
- 3–4 EL Sonnenblumenkerne

Alle Zutaten in einen Multizerkleinerer geben und pürieren. Durchziehen lassen und kühlen. In ein Schraubglas umfüllen und im Kühlschrank aufbewahren. Der Brotaufstrich ist immer gut streichbar.

Artischockenpaste

Schmeckt wie Thunfisch, ist aber nachhaltiger!

ZUTATEN
für 350 ml:

- 220 g Kichererbsen aus dem Glas
- 120 g Artischockenherzen aus dem Glas (geviertelt in Lake)
- 1–2 Noriblätter
- 2 TL Hefeflocken
- 2 TL Kapernwasser (nach Belieben)
- Steinsalz
- Pfeffer aus der Mühle
- 2 EL vegane Mayonnaise (am besten selbst gemacht, siehe Seite 152)
- 2 TL Sojasoße (am besten Tamarisoße, glutenfrei, natürlich fermentiert und aus biologischem Anbau)

1. Kichererbsen durch ein Sieb abseihen und das Aquafaba (Kichererbsenwasser) auffangen, damit können Sie pflanzliche Mayonnaise selber machen oder es zum Brotbacken verwenden. Artischockenherzen abgießen und auch hier das Wasser aufbewahren. Noriblätter klein schneiden.
   Mein Tipp: Rollen Sie ein Blatt und schneiden es mit einer Schere klein, dann krümelt es nicht. Noriblatt im Artischockenherzenwasser einweichen.
2. Kichererbsen in einer Schüssel zerquetschen, am besten mit einem Kartoffelstampfer. Artischockenherzen klein schneiden und hinzufügen. Die weiteren Zutaten und das eingeweichte Noriblatt dazugeben, alles gut vermengen. Für einen optimalen Geschmack etwas durchziehen lassen.

No-Leberwurst

Der pflanzliche Proteinaufstrich aus Kidneybohnen erinnert an Leberwurst.

ZUTATEN
für 250 ml:

1 Dose Kidneybohnen (ca. 220–250 g Abtropfgewicht)
1 rote Zwiebel oder 2–3 Schalotten
1–2 Knoblauchzehen
Rapsöl
2–3 EL Majoran
1–2 EL Apfelessig
etwas Aquafaba (Kichererbsenwasser)
1 TL Flohsamenschalen
Pfeffer
Steinsalz

1. Bohnen abgießen und in einem Sieb abspülen. Zwiebel oder Schalotten und Knoblauch schälen in feine Würfel schneiden und mit etwas Rapsöl gut anrösten. Majoran dazugeben und gut vermengen.
2. Bohnen in einen Mixer oder Multizerkleinerer geben und die etwas abgekühlten Zwiebeln mit Knoblauch und Majoran zugeben. Einen Schuss Apfelessig und Kichererbsenwasser (Aquafaba) und für die Ballaststoffe Flohsamenschalen dazugeben. Alles mixen, abkühlen, mit Salz und Pfeffer abschmecken und durchziehen lassen. Fertig ist die No-Leberwurst.

Hackepeter aus Reiswaffeln

Wer seine Ernährung umstellt und auf Fleisch verzichten möchte, kann hier eine sehr gute Alternative finden. Es ist der absolute Wahnsinn und schmeckt so gut: Mett-Hackepeter aus Puffreis. Ob als Brotaufstrich, als Vorspeise oder Amuse-Gueule, Sie sollten es nicht nur für sich behalten, sondern auch Freunden servieren. Übrigens: Keine Testperson wird merken, dass es sich hierbei um gewürzten Puffreis handelt.

ZUTATEN
für 4 Portionen:

50 g Tomatenmark
1–2 TL Stein- oder Räuchersalz
Pfeffer aus der Mühle
50 g Vollkorn-Puffreis
2 rote Schalotten (ich nehme lieber rote wegen der Farbe)
3–4 Tropfen Liquid Smoke (Raucharoma)
4 Mini-Pancakes (siehe Seite 117)
Petersilie zum Garnieren
Zwiebelringe zum Garnieren

1. 200 ml kaltes Wasser mit dem Tomatenmark verrühren, Salz und Pfeffer dazugeben und alles gut vermengen. Puffreis dazugeben und unterheben.
2. Die Schalotten schälen und ganz fein würfeln, dazugeben und alles vermengen. Anschließend die Masse etwas ziehen lassen.
3. Mit ein paar Tropfen Liquid Smoke verfeinern, mit Petersilie und Zwiebelringen garnieren und servieren. Auf Mini-Pancakes (Rezept siehe Seite 117) servieren und mit Zwiebelringen, Petersilie und Pfeffer garnieren.

Vor- und HAUPTSPEISEN

Lecker, vollwertig und sättigend – das zeichnet ein perfektes Gericht aus. Versuchen Sie es doch mal mit einer Suppe, die ist easy vorzubereiten und darf auch gerne in größeren Portionen für mehrere Tage gekocht werden. Auch Basics wie Ketchup und Mayonnaise lassen sich einfach selbst machen, und so spart man einen Haufen Zucker und unerwünschte Inhaltsstoffe.

Gesunde Miso-Suppe für den Darm

Diese besondere Suppe sollten Sie auf jeden Fall ausprobieren und über einen Zeitraum von zwei bis drei Wochen als Darmkur zu sich nehmen. In Asien werden solche Suppen auch zum Frühstück gegessen. Besonders im Sommer ist diese Milchsäurebakterien-Kur sehr gut umzusetzen, denn es ist eine kalte Rohkost-Suppe. Wer Miso noch nicht kennt, sollte das ändern. Denn die würzige Paste hat es in sich. Sie enthält jede Menge gute Nährstoffe und schmeckt wunderbar würzig. Die Kombination mit den Algen bereichert unsere ausgewogene Ernährung durch natürliches Jod.

ZUTATEN

für 2 Portionen:

FÜR DIE EXTRA PORTION JOD/ALGEN:

1 gehäuften EL Dulse-Flocken
1 gehäuften EL Meeresspaghetti
1 Wakame-Platte

FÜR DIE MARINIERTEN PILZE:

6–8 Shiitakepilze
1 EL frisch gepresster Zitronensaft
1 EL Olivenöl
2 EL Tamari-Sojasoße (fermentierte, glutenfreie Sojasoße)

FÜR DIE GEMÜSEEINLAGE:

4–5 Radieschen
6–7 Zuckerschoten
1–2 Karotten

FÜR DIE SUPPE:

2 EL weiße Reis-Miso-Paste
1 Avocado
Sprossen nach Wahl

1. Dulse-Flocken in Wasser legen und etwa 20 Minuten einweichen lassen.
2. Für die marinierten Pilze die Stiele der Pilze entfernen. Pilzköpfe in feine Streifen schneiden und in eine Schüssel geben. Zum Marinieren Zitronensaft, Olivenöl und Tamarisoße über die Pilzstreifen geben und 5–10 Minuten ziehen lassen.
3. Radieschen waschen, putzen und in kleine Würfel schneiden. Zuckerschoten waschen, putzen und nach Belieben die Fäden ziehen. Karotten waschen, schälen und in dünne Spalten schneiden oder mit dem Sparschäler in dünne Scheiben schneiden.
4. Die Miso-Paste mit 750 ml kaltem Wasser vermischen, die Dulse-Flocken abtropfen und dazugeben. Avocado aushöhlen und das Fruchtfleisch dazugeben. Gut pürieren, bis die Suppe cremig ist. Restliches Gemüse und Pilze dazugeben. Die Wakame-Alge mit einer Schere in kleinere Stücke schneiden und mit den Meeresspagetti in die Suppe geben. Mit Sprossen garnieren.

Schnelle Tomatensuppe: der Lycopin-Lieferant!

Wenn Sie mich schon etwas kennen, dann wissen Sie, dass ich ein Fan von sekundären Pflanzenstoffen bin – ganz besonders von Carotinoiden, und dazu zählt das Lycopin. Lycopin ist in verarbeiteten Tomaten, also Tomatenmark oder getrockneten Tomaten, sehr viel konzentrierter als in frischen Früchten. Mehrere Studien belegen, dass thermisch verarbeitete Tomaten eine höhere Bioverfügbarkeit von Lycopin als die frische Frucht aufweisen. Es verleiht Tomaten die intensive rote Farbe, ist aber auch in anderen, rötlichen Früchten wie Hagebutten, Wassermelonen, Papayas oder Grapefruit enthalten. Es wirkt stark antioxidativ, das heißt, der Farbstoff fängt schädliche Sauerstoffradikale im Körper ab, die Zellen schädigen und so mitunter eine Krebserkrankung hervorrufen könnten. Zudem wirkt Lycopin schützend auf die Prostata. Die schädlichen Sauerstoffradikale sind aber auch für Alterungsvorgänge in unserem Körper mitverantwortlich, vor allem an den Gefäßen. Am besten kann der menschliche Körper das Carotinoid leicht erwärmt aufnehmen. Anders als bei anderen Inhaltsstoffen wird es durch das Erhitzen sogar noch intensiver in seiner Wirkung.

ZUTATEN

für 2 Portionen:

1 rote Zwiebel
1–2 frische Knoblauchzehen
Pflanzenöl (z. B. Rapsöl)
3 EL Tomatenmark
1 Glas sonnengereifte, geschälte, vorgekochte Tomaten
150 ml Gemüsebrühe
1 Zweig frischer Thymian
Abrieb von ¼ Bio-Zitrone
Steinsalz
frischer Pfeffer aus der Mühle
1 Msp. Chilipulver
1 TL Mayonnaise oder 1 EL Kürbiskernöl
1 EL Kürbiskerne

1. Zwiebel und Knoblauch schälen und in feine Würfel schneiden. Mit etwas Öl im Topf anschwitzen. Tomatenmark dazugeben und 1–2 Minuten anschwitzen. Die Tomaten aus dem Glas und die Gemüsebrühe dazugeben.
2. Thymianblätter waschen, trocken schütteln, fein hacken und mit dem Zitronenabrieb unterrühren.
3. 8–10 Minuten auf mittlerer Hitze köcheln und etwas reduzieren lassen. Die Suppe pürieren und mit Salz, Pfeffer und Chili abschmecken.
4. Zum Servieren die Suppe nach Belieben mit Mayonnaise oder Kürbiskernöl sowie Kürbiskernen garnieren.

Gekörnte Gemüsebrühe – gesund und köstlich!

ZUTATEN
für ca. 3 Gläser (à 200 ml):

8–9 Schalotten
9–10 Karotten
1 Lauchstange
4–6 Frühlingszwiebeln
4 Knoblauchzehen
4–5 getrocknete Tomaten
2 Bund Petersilie
1 Bund Koriander
1 Knollensellerie
2 Petersilienwurzeln
1 Bund Liebstöckel
½ TL Kurkumapulver
½ TL Thymian
½ TL Rosmarin
1 Msp. Muskatnuss
6 % Steinsalz (siehe Tipp)
3 % Zucker (siehe Tipp, nach Belieben)

1. Frisches Gemüse waschen und putzen. Kräuter waschen und trocken schütteln. Wurzelgemüse, Schalotten und Knoblauch schälen. Knoblauch und Kräuter fein hacken, die Schalotten fein würfeln und die Frühlingszwiebeln und den Lauch in feine Ringe schneiden. Das Wurzelgemüse reiben oder in einer Küchenmaschine zerkleinern. Alles in einer großen Schüssel vermengen. Gemüsemasse gleichmäßig auf mit Backpapier ausgelegten Blech oder Silikon-Backunterlagen verteilen. Bei der Menge sind es etwa 3 Bleche. Den Ofen auf 80 °C Umluft vorheizen.

2. Etwa 6–7 Stunden in den Ofen geben, bis sie komplett durchgetrocknet ist. Die Trocknungszeit hängt auch stark vom verwendeten Ofen ab. Etwa 2 Stunden vor Ende des Trocknens das Gemüse einmal etwas auflockern und umdrehen, eventuell kann das Backpapier ausgetauscht werden, damit die Feuchtigkeit beim Trocknen verdunsten kann und nicht im Ofen »gefangen« ist. Am besten (zumindest zu Beginn) einen Holzlöffelstiel zwischen Ofen und Tür klemmen, so kann die Feuchtigkeit gut verdunsten.

3. Das getrocknete Gemüse, Gewürze, Salz und nach Belieben Zucker in einem Mixer zerkleinern. Die fertige Brühe am besten in kleinen Gläsern mit Schraubverschluss aufbewahren, damit keine Feuchtigkeit an die Brühe gelangt. Im Kühlschrank hält sich das Gemüsewunder mehrere Monate.

Für die Mischung berechnen Sie bitte einen Prozentsatz von 6 % für das Salz und 3 % für den Zucker auf die gesamte Meng[e], sonst wird es schnell zu salzig. Wenn die Gesamtmenge 600 [g] im Trockenzustand wiegt, dann sind es etwa 36 g Steinsalz u[nd] 18 g Zucker, wenn Sie überhaupt Zucker dazugeben wollen.

HAUPTSPEISEN

Bratkartoffeln mit Rotkohlsalat

ZUTATEN
für 2 Portionen:

FÜR DIE BRATKARTOFFELN:
400 g vorgekochte, festkochende Kartoffeln (siehe Tipp)
Steinsalz
Pflanzenöl (z. B. Rapsöl, der Rauchpunkt ist sehr hoch)
Radicchioblätter (nach Belieben)
Kürbiskernöl (nach Belieben)

FÜR DEN SALAT:
2 Handvoll Erbsen (TK)
½ Rotkohl
½ gelbe Paprikaschote
1 Handvoll Weintrauben
1 Handvoll Blaubeeren
1 Handvoll Brombeeren
8–10 Walnüsse

FÜR DAS DRESSING:
5–6 EL Himbeeressig
1 EL Walnussöl
1 Prise Steinsalz
etwas frisch gemahlener Pfeffer
Saft von ½ Zitrone

1. Erbsen auftauen, Rotkohl fein hobeln, Paprikaschote waschen, entkernen, fein schneiden oder hobeln und Weintrauben waschen und halbieren. Alles gut vermischen. Heidel- und Brombeeren dazugeben. Walnüsse kurz in der Pfanne ohne Öl anrösten und ebenfalls dazugeben.
2. Die Zutaten für das Dressing in ein kleines Schraubglas geben und gut schütteln. Das macht das Dressing besonders fein. Den Salat damit anmachen.
3. Für die Bratkartoffeln die vorgekochten Kartoffeln schälen, in Scheiben schneiden und in der Pfanne mit etwas Pflanzenöl goldgelb knusprig braten. Zum Servieren nach Belieben in Radicchioblätter anrichten und mit Kürbiskernöl beträufeln.

Ich habe immer vorgekochte Kartoffeln im Haus als Grundlage für Soßen, Dips oder als Beilagen. So geht Kochen oft seh[r] schnell und man muss nicht auf Convenience-Food zurückgreifen. Dazu die Kartoffeln mit einer Gemüsebürste und Wasser abreiben. Mit Schale in leicht gesalzenem Wasser ga[r] kochen. Das Wasser abgießen und die Kartoffeln in einem Nudelsieb im Kühlschrank aufbewahren. Die Kartoffeln sind so vorbereitet für über eine Woche haltbar und erleichtern da[s] natürliche und schnelle Kochen sehr.

KÜRBISKERNÖL

Es enthält viele, ungesättigte Fettsäuren und Vitamine wie A, B1, B2, B6, C, D und E, Linolsäuren, Phytosterine und eine ganze Bandbreite von Mineralien, Spurenelementen und verleiht dem Essen einen milden nussigen Geschmack.

Krosses Kohlrabi-Schnitzel mit Wirsing

Das ist eines meiner Lieblingsgerichte. Die Panade ist so köstlich und knusprig, die Soße ist großartig und der Wirsingkohl ist fruchtig-knackig. Besonders ist nicht nur die Panade, die so unglaublich kross ist, sondern auch, dass alles in einer Pfanne gemacht werden kann. Auch für kleine Küchen ist dieses Rezept also gut umsetzbar.

ZUTATEN

für 2 Portionen (ca. 5 Schnitzel):

- 1 Kohlrabi
- 1 kleiner oder ½ großer Wirsingkohl
- 1–2 Frühlingszwiebeln
- 1–2 rote oder grüne Peperoncini
- 4–5 TL Mandelmus
- 4–5 EL Maismehl
- 4–5 EL Dinkelsemmelbrösel
- ½ TL geräuchertes Paprikapulver
- Steinsalz
- etwas Kokosfett zum Braten

1. Kohlrabi schälen und in gleichmäßig dicke Scheiben schneiden. In einer etwas höheren Pfanne 50–70 ml Wasser erhitzen und die Kohlrabischeiben etwa 5–8 Minuten leicht köcheln lassen, einmal wenden und etwas Wasser nachgießen. Die Scheiben herausnehmen und kurz in einem Sieb abkühlen lassen.
2. Den Wirsing für die Kohlbeilage und -soße vorbereiten: Den Wirsingkohl halbieren, den Strunk entfernen, waschen und in dünne Scheiben schneiden. Frühlingszwiebeln waschen, putzen und mit den Peperoncini in feine Ringe schneiden.
3. Für die Panade das Mandelmus in ein kleines Schraubglas geben und mit 5–6 EL lauwarmen Wasser mischen. Gut schütteln, bis die Mischung eine schöne, sämige und cremige Konsistenz hat. 3 tiefe Teller bereitstellen. Die Mandelmuscreme in einen Teller geben. In den zweiten Teller das Maismehl geben. In einem weiteren Teller Dinkelsemmelbrösel mit etwas Salz und geräuchertem Paprikapulver vermischen.
4. Die Kohlrabischeiben beidseitig in der Mandelmuscreme, dann im Maismehl und anschließend nochmals in der Mandelmuscreme wenden. Zum Schluss beidseitig in den Dinkelsemmelbröseln wenden. In einer tiefen Pfanne das Kokosfett schmelzen und die panierten Kohlrabischnitzel von beiden Seiten ausbacken. Die knusprigen Schnitzel aus der Pfanne nehmen und Wirsing, Frühlingszwiebeln und Peperoncini mit der restlichen Mandelmuscreme in die Pfanne geben. Kurz aufwärmen und mit etwas Salz abschmecken, fertig.

Polenta-Nuggets mit Cashewkern-Dip

Mit Polenta kann man viele verschiedene Rezeptvariationen zubereiten. Sie kann prima vorbereitet werden und schmeckt zu fast allem, ob warm oder kalt. Polenta kann auch gebraten und paniert werden.

ZUTATEN

für 2 Portionen:

FÜR DEN DIP:
100 g Cashewkerne
160 ml Haferdrink
1–2 frische Knoblauchzehen
2 EL Zitronensaft
2 TL Hefeflocken
½ TL Kala-Namak-Salz oder Steinsalz
frisch gemahlener Pfeffer aus der Mühle

FÜR DIE NUGGETS:
1 Zwiebel
1 Knoblauchzehe
4 EL Pflanzenöl (Oliven- oder Rapsöl)
250 g Polenta
Steinsalz
1 l Bio-Gemüsebrühe
4 EL Hefeflocken
Kokosfett

FÜR DIE PANADE:
4–5 TL Mandelmus
4–5 EL Maismehl
4–5 EL Dinkelsemmelbrösel
½ TL geräuchertes Paprikapulver
Steinsalz

1 großer, ofenfester Topf mit Deckel (ca. 4–5 l Volumen)

1. Für den Dip die Cashewkerne mindestens 2–3 Stunden in Wasser einweichen. Das Einweichwasser weggießen. Knoblauch schälen. Alle Zutaten in den Mixer geben und so lange mixen, bis alles klümpchenfrei und cremig ist.
2. Für die Nuggets Zwiebel und Knoblauch schälen und würfeln. In einem großen Topf mit dem Öl anschwitzen. Polenta und Salz dazugeben und glasig anschwitzen. Mit der Hälfte der Gemüsebrühe ablöschen und die Hefeflocken dazugeben, kurz aufkochen und gut verrühren. Die restliche Gemüsebrühe dazugeben und unter Rühren aufkochen lassen. Den Topf vom Herd nehmen und den Backofen auf 160 °C vorheizen.
3. Den Deckel auf den Topf geben und die Polenta etwa 60 Minuten im vorgeheizten Ofen backen. Beim Herausnehmen bitte sehr gut aufpassen, denn der Topf ist sehr heiß. Die Polenta auf ein Backblech mit Backpapier oder Silikonunterlage auftragen und zu einem Rechteck mit etwa 1 cm Höhe verstreichen und abkühlen lassen. Nach ein paar Stunden oder am nächsten Tag die Polenta in Quadrate oder Rechtecke schneiden oder in Nuggets abbrechen.
4. Die Panade wie aus Seite 143 vorbereiten. Die Polentastücke beidseitig in der Mandelmuscreme, dann in den Maismehl und nochmals in der Mandelmuscreme schwenken. Zum Schluss beidseitig in den Dinkelsemmelbröseln schwenken. Das Kokosöl in einer tiefen Pfanne erhitzen und die Polenta-Nuggets beidseitig knusprig braten. Mit dem Cashewkern-Dip servieren.

Gesunde Antipasti

Vorspeisen sind meist in viel Öl ertränkt, was aufgrund der Qualität des Öls nicht besonders gesund ist. Hier habe ich ein sehr gesundes Antipasti-Rezept für Sie, das nicht nur als klassische Vorspeise verwendet werden kann, sondern als Beilage zum Salat oder als Einlage für Suppen und Soßen. Eingelegte Tomaten enthalten den besonders wertvollen sekundären Pflanzenstoff Lycopin. Es gibt inzwischen verschiedene Beobachtungen zu Lebensmitteln mit vielen Antioxidantien und ihrer Wirkung auf den Menschen. Mittlerweile geht man davon aus, dass eben die dort enthaltenen, freien Radikale einen Einfluss auf die Entwicklung von psychischen Störungen haben. Wissenschaftler*innen und Mediziner*innen nehmen daher an, dass pflanzliche Lebensmittel mit vielen Antioxidantien die schädlichen Auswirkungen von oxidativem Stress durch freie Radikale auf die mentale Gesundheit und Depressionen eindämmen können. Menschen mit einem hohen Anteil an sekundären Pflanzenstoffen im Blut sollen demnach ein geringeres Risiko haben, an Depressionen zu erkranken.

ZUTATEN
für 1 Glas (à 750 ml):

2–3 EL Apfelessig
150–200 g getrocknete Tomaten
2 frische Knoblauchzehen
1 Bund Rosmarin
1 kleiner Schuss Olivenöl (nach Belieben)

1. In einem Topf 750 ml Wasser zum Kochen bringen, den Essig dazugeben und die getrockneten Tomaten hineinlegen. Auf mittlerer Temperatur 3–5 Minuten köcheln lassen. Knoblauchzehen schälen, halbieren und in das Einmachglas legen. Den Topf vom Herd nehmen und 5–10 Minuten ziehen lassen.
2. Alles in das Einmachglas umfüllen und Rosmarin hinzugeben. Nach Belieben einen Schuss Olivenöl dazugeben. Das Glas verschließen und die Tomaten 1–2 Tage durchziehen lassen.
3. Die Tomaten halten sich sehr lange und sind köstlich. Das Tomatenwasser kann auch sehr gut für das Verfeinern von verschiedenen Dressings und Soßen verwendet werden.

Zoodles mit Tomaten-Nuss-Bolognese

ZUTATEN
für 2 Portionen:

FÜR DIE GEMÜSENUDELN:
1–2 Zucchini
1–2 Knoblauchzehen
Pflanzenöl

FÜR DIE TOMATEN-NUSS-BOLOGNESE:
1 rote Zwiebel
1–2 frische Knoblauchzehen
Pflanzenöl
60–70 g getrocknete, eingelegte Tomaten (siehe Seite 147)
60 g Walnüsse
2 EL Tomatenmark
etwas Steinsalz oder Räuchersalz (nach Belieben)

1. Für die Sauce die Zwiebel und Knoblauch schälen und in feine Würfel schneiden. In einer Pfanne mit etwas Pflanzenöl anschwitzen. Eingelegte Tomaten und Walnüsse in einem Multizerkleinerer kurz, aber nicht zu fein mixen. Tomatenmark in die Pfanne zu den Zwiebeln und dem Knoblauch geben und mit etwas Wasser aufgießen. Gut verrühren und das Tomaten-Nuss-Hack dazugeben. Kurz erwärmen, nach Geschmack würzen. Nach Belieben mit etwas Wasser verdünnen.

2. Für die Gemüsenudeln die Zucchini waschen und am besten mit einem Gemüsespaghetti-Hobel in die gewünschte Form bringen. Knoblauch schälen, fein hacken und in etwas Pflanzenöl in der Pfanne erhitzen. Die Zoodles 2–3 Minuten dazugeben und kurz erhitzen, anrichten und mit der Tomaten-Nuss-Bolognese vermischen.

Der Ohlala-Burger

Ja, ein Burger kann gesund und lecker sein. Dieser Burger ist komplett selbst gemacht, vom Brötchen über die Mayonnaise bis zum Ketchup …

ZUTATEN

für 4 Burger:

FÜR DIE PATTIES:
1 kleine, rote Zwiebel
1 Knoblauchzehe
1 Frühlingszwiebel
100 g Karotten
450 g Zucchini
3 EL Leinsamen
2 EL Leinsamenmehl
2 EL Speisestärke
Steinsalz
Pfeffer aus der Mühle
½ TL Paprikapulver
½ gestr. TL Kreuzkümmel
1 Prise Zimt

AUSSERDEM:
8 Pancakes als Burger Buns (siehe Seite 117)
Ketchup (nach Belieben)
Mayonnaise (nach Belieben)
4 Salatblätter
¼ Gurke
2 Tomaten
1 rote Zwiebel

Speisering mit Ø 9 cm (nach Belieben)

1. Zwiebel, Knoblauch und Frühlingszwiebel schälen und fein würfeln. Karotten und Zucchini waschen putzen, (evtl. schälen,) raspeln und in einer Schüssel mit Zwiebel, Knoblauch, Frühlingszwiebel, Leinsamen, -mehl und Speisestärke gut verrühren. Mit Salz, Pfeffer, Paprikapulver, Kreuzkümmel und Zimt abschmecken. Den Backofen auf 160 °C vorheizen und ein Backblech mit Backpapier oder einer Silikonunterlage auslegen. Die runden Patties aus der Zucchini-Karotten-Masse von Hand oder mit dem Speisering formen. 30 Minuten backen, einmal wenden und weitere 15–20 Minuten backen.
2. In der Zwischenzeit den Salat waschen und trocken schütteln. Gurke waschen und in Scheiben schneiden. Die Tomaten waschen, Stielansatz entfernen und in Scheiben schneiden. Zwiebel schälen und in Ringe schneiden.
3. Die Burger mit je einem Patty, Salat, Gurke, Zwiebel, Tomate und Ketchup sowie Mayonnaise nach Belieben belegen.

Eine pflanzliche Mayonnaise – eiweißreich, aber ohne Ei

Mayo und Ketchup kann man meiner Meinung nach fast zu allem essen. Das sollte man aber nur dann tun, wenn sie von allerbester Qualität sind. Hier kommen meine Rezepte für köstlichen Ketchup und gesunde und pflanzliche Mayonnaise. Für das Rezept werden Zutaten benutzt, die Ihnen vielleicht nicht so bekannt sind. Deshalb hier eine kurze Erklärung und Hinweise:

Aquafaba ist das leicht dickflüssige Kochwasser von Kichererbsen, Bohnen oder anderen Hülsenfrüchten. Beim Kochen wird mit der Hitze die Stärke aus den Hülsenfrüchten geliert, Proteine gehen so in das Kochwasser über. Aquafaba lässt sich ähnlich wie Eiweiß zu einer schaumigen, luftigen Konsistenz aufschlagen. Deshalb wird es in der pflanzlichen Küche als Alternative für Ei verwendet.

Kala-Namak-Salz ist ein indisches Schwefelsalz, auch Schwarzsalz, indisches Salz oder Kala Nun genannt. Es ist ein Würzmittel, das überwiegend aus Natriumchlorid besteht. Man braucht sehr wenig davon. Es hat einen charakteristischen schwefligen Geruch, der mit hart gekochten Eiern verglichen wird.

Flohsamenschalen sind pflanzliche Ballaststoffe und der Wegerich-Pflanzengattung zugehörig. Diese beleben unsere Darmaktivität.

Sonnenblumenöl: Bitte verwenden Sie immer ein Öl von hoher Qualität.

Essig: Hier empfehle ich einen naturtrüben, nicht pasteurisierten Apfelessig.

Senf: Achten Sie beim Kauf darauf, dass er vegan ist. Senf sollte und könnte zwar immer vegan sein, es gibt jedoch Ausnahmen.

ZUTATEN

für 100 ml:

- 2–3 EL Aquafaba
- ¼ TL Kala-Namak-Salz (alternativ Steinsalz)
- ¼ TL Senf
- 1 EL Essig
- 3–5 EL Sonnenblumenöl
- 1 TL Flohsamenschalen

1. Das Aquafaba mit Salz, Senf und Essig pürieren. Sonnenblumenöl langsam nach und nach hinzufügen und weiter mixen.
2. Flohsamenschalen dazugeben und ein letztes Mal mixen. Insgesamt nur 3–5 Minuten mixen.
3. Pflanzliche Mayonnaise bis zum Servieren kalt stellen. Sie schmeckt zu allem und auf allem. Im Kühlschrank hält sich die Mayonnaise bis zu 5 Tagen.

Tomatenketchup

WARNUNG! Wer dieses Ketchup einmal probiert hat, weiß, was für eine Delikatesse es sein kann. Selbstverständlich ist dieses Tomatenketchup vegan, also rein pflanzlich, und das sollte man bei jedem Tomatenketchup erwarten! Allerdings sind in fertigen Ketchups oft tierische Zusatzstoffe verarbeitet. Es kann sein, dass ihnen Gelatine oder Laktose zugesetzt wurde. Unser Ketchup besteht ausschließlich aus natürlichen Bio-Zutaten – und das schmeckt man! Die Paprikaschoten und die Zwiebeln geben die Süße, die frischen Tomaten das herrliche Aroma. Dieses Ketchup schmeckt immer und überall. Ich verwende es inzwischen für wirklich viele Gerichten. Ob zu Nudeln, Pommes, Salat oder als Brotaufstrich – es schmeckt einfach immer! Die Zutaten in diesem Rezept sind so gesund und es ist nur 1 Teelöffel Rohrohrzucker für 1½ l Ketchup dabei. Zum Vergleich: Im fertigen Industrie-Ketchup sind 9 Stück Würfelzucker in nur 100 g Ketchup!

ZUTATEN

für 1½ l:

- 2 rote Zwiebeln
- 2 Knoblauchzehen
- Pflanzenöl
- 1 TL Rohrzucker (nach Belieben)
- 3 rote Paprikaschoten
- ½ rote Chilischote (nach Belieben auch mehr)
- 4 Tomaten
- 3–4 Stangen Sellerie
- 1 Prise Salz
- 2 EL Tomatenmark
- 40 ml naturtrüber Apfelessig
- 1 Msp. Zimt
- Pfeffer (nach Belieben)

1. Zwiebeln und Knoblauch schälen, klein schneiden und in etwas Öl 4–5 Minuten leicht anschwitzen (nicht braun werden lassen). Nach Belieben Rohrzucker zum Karamellisieren zu den Zwiebeln geben.

2. Paprikaschoten waschen, Kerne entfernen und klein schneiden. Tomaten waschen, Stielansatz entfernen und ebenfalls klein schneiden. Sellerie waschen, putzen und in kleine Würfel schneiden. Chili ebenfalls klein schneiden. Zusammen mit dem Salz zu den Zwiebeln dazugeben.

3. Tomatenmark untermischen und etwa 20 Minuten auf mittlerer Temperatur köcheln lassen. Bei Bedarf 200–300 ml Wasser dazugegeben. Pürieren und mit Essig, Zimt und Pfeffer würzen. Noch warm in verschiedene Einweckgläser abfüllen, dadurch bleibt das Ketchup länger haltbar. Geöffnet ist das Ketchup etwa eine Woche haltbar.

FROG

Snacks

Snacks sind immer ungesund? Von wegen! Meine Snackalternativen sind perfekt für den kleinen Hunger und dabei voll mit tollen Nährstoffen – probieren Sie es aus!

Popcorn – mein Knabbertipp

Die gesunde Snackidee ist fettfrei und reich an Ballaststoffen sowie Antioxidantien! Wir kennen es eigentlich nur noch aus dem Kino oder von der Kirmes. Popcorn! Dann ist es aber stark gezuckert oder gesalzen und in viel zu viel minderwertigem Fett zubereitet. Verzichtet man bei der Zubereitung auf Öl, Butter oder Zucker, ist Popcorn ein perfekter Snack. Im Popcorn stecken zahlreiche Ballaststoffe und Antioxidantien. Genau diese Bestandteile machen Popcorn gesund. Das gepoppte Korn besteht zu 100 % aus unbehandeltem Schrot. Eine Portion Popcorn deckt den täglichen Bedarf an Vollkorn bereits zu 70 %. Sie wissen es bestimmt schon, ich achte immer sehr darauf, dass wir auch genügend Antioxidantien zu uns nehmen, das ist in unserer heutigen Zeit wichtiger denn je. Eine Portion des Gesundheits- und Schönheits-Korns enthalten etwa 300 mg dieser antioxidativ wirkenden Stoffe (Pholyphynole). Im Vergleich dazu liefert eine Portion Obst 160 mg.

Wenn ich am Computer sitze und zum Beispiel dieses Buch schreibe, mampfe ich fröhlich mein selbst gemachtes Popcorn in mich hinein. Ich habe etwas zum Knabbern und bin rundum gut versorgt. Es ist zudem sehr einfach zu machen, man braucht nur eine kleine Popcornmaschine, die kostet nicht viel, nur etwa 20–25 Euro. Diese Investition kann ich nur empfehlen. Mit dieser Heißluftmaschine benötigen wir kein Fett, um Popcorn zuzubereiten, und ganz ehrlich: Es schmeckt frisch gepoppt auch ohne Salz und Zucker wunderbar. All meine Kunden in der Ernährungsberatung sind mehr als glücklich, weil es eine so tolle Alternative zu Keksen und Schokolade ist.

Farinata aus Kichererbsenmehl

Die Kichererbse erhält etwa 20 % Eiweiß mit einem sehr großen Anteil an Aminosäuren, die unser Organismus braucht, um körpereigene Eiweiße aufzubauen. Der Ballaststoffanteil im Kichererbsenmehl liegt bei etwa 12 %. Diese sorgen für ein gutes Sättigungsgefühl und regen die Verdauung an. Außerdem enthält die Kichererbse und auch das Mehl viele Mineralstoffe wie Zink, Magnesium und Eisen, zudem auch viele Vitamine wie B_1 und B_6, Lysin und Folsäure. So viele gute Inhaltsstoffe sind in der Hülsenfrucht zu finden und nicht zu vergessen, sie enthält kein Klebereiweiß Gluten. Die Farinata ist eine Art Pizza, bestehend aus Kichererbsenmehl. Sie können sie belegen wie Sie möchten oder auch nur als Pizzabrot zubereiten. Ich mache meine gleich mit Gemüse im Ofen. Sie schmeckt auch wunderbar als Brotersatz zu Suppen oder Salaten.

ZUTATEN

für 1 dicke oder 2 dünne Farinata (1 Springform von Ø 24 cm):

FÜR DEN TEIG:

250 g Kichererbsenmehl
1 TL Steinsalz
1 TL selbst gemachte Gemüsebrühe
frisch gemahlener Pfeffer
½ TL Galgantpulver (nach Belieben)
getrocknete Kräuter (nach Belieben, z. B. Rosmarin oder Thymian)
1 TL geräuchertes Paprikapulver
2 EL Sonnenblumenöl

FÜR DIE GEMÜSEEINLAGE:

1 mittelgroße Karotte
½ Zucchini
½ rote Zwiebel
1 Knoblauchzehe
2–3 Pilze
Öl zum Einfetten

FÜR DEN BELAG:

Tomaten, Basilikum … (nach Belieben)

1. Für den Teig die trockenen Zutaten in eine Schüssel geben und durchmischen, 500 ml kaltes Wasser und Öl dazugeben und alles klümpchenfrei verrühren. Den Teig mindesten 30 Minuten ziehen lassen.

2. Den Backofen auf 200 °C Umluft vorheizen. Karotte und Zucchini waschen und putzen. Zwiebel und Knoblauch schälen. Pilze trocken abreiben. Gemüse fein schneiden oder dünn hobeln, dann wird es im Ofen schneller weich. Die Springform einfetten und das Gemüse hineingeben und etwa 10 Minuten backen.

3. Die Pizzaform mit dem leicht angebackenen Gemüse aus dem Ofen nehmen, den Teig in die Pizzaform füllen, mit dem Gemüse verrühren und 20–30 Minuten weiterbacken. In der Form abkühlen lassen und nach Wunsch belegen, z. B. mit Tomaten.

4. Alternativ kann die Farinata auch pur verzehrt werden. Die Farinata hält sich 3–4 Tage und wird jeden Tag besser. Sie schmeckt auch kalt sehr köstlich und eignet sich besonders gut für die Mittagspause oder unterwegs.

Meine Tipps: Den Teig sehr gut würzen, gerne auch gleich mit selbst gemachter Gemüsebrühe (siehe Seite 138). Besonders schön finde ich es, wenn die Kichererbsenpizza gleich in der Form serviert wird.
Das Gemüse für die Einlage und den Belag können Sie ganz nach Belieben und Geschmack variieren.

Grünes Hummus

ZUTATEN
für 1 Glas (250 ml):

1 Glas Kichererbsen (ca. 220 g Abtropfgewicht)
1 Knoblauchzehe
1–2 EL Olivenöl
50 g Tahini (Sesampaste)
Saft von ½ Zitrone
Abrieb von ¼ unbehandelten Zitrone
¼ TL gemahlener Kreuzkümmel
1 Bund Petersilie
Steinsalz
frisch gemahlener Pfeffer

1. Die Kichererbsen durch ein Sieb abgießen, das Aquafaba (Kichererbsenwasser) auffangen. Dieses Aquafaba benötigen wir für viele weitere Rezepte. Sie können das eiweißreiche Wasser zum Backen oder auch zur Herstellung von selbstgemachter Mayonnaise benutzen (siehe Seite 152).

2. Knoblauch schälen und mit den abgetropften Kichererbsen pürieren. Olivenöl und nach Bedarf noch etwas Aquafaba nach und nach hinzugießen. Tahini, Zitronensaft, -abrieb und Kreuzkümmel zugeben und verrühren. Petersilie waschen, trocken schütteln, mit den Stielen dazugeben und gut mixen, bis es ein cremiges, grünes Hummus ergibt. Mit Salz und Pfeffer abschmecken.

Power-Bowl: Quinoasalat auf Chicorée-Booten

In einer Bowl kann fast alles miteinander kombiniert werden, in diesem Fall sind folgende Zutaten enthalten: Quinoasalat, Süßkartoffel, Avocado, grüner Hummus und Wildkräuter. In dieser Bowl finden Sie vieles, was wir hier in diesem Buch besprochen haben.

ZUTATEN

für 2 Portionen:

250 g Quinoa
1 rote Paprikaschote
3 Karotten
½ Salatgurke
3 Frühlingszwiebeln
½ Bund Petersilie oder Löwenzahn
1 Knoblauchzehe
Steinsalz
Pfeffer
¼ TL Kreuzkümmel
30 ml Olivenöl oder Senföl
30 ml Apfelessig
Saft von ½ Zitrone
1 Chicorée zum Anrichten

1. Quinoa in einem Sieb abspülen und mit 750 ml Wasser zum Kochen bringen. Bei niedriger Hitze etwa 20 Minuten köcheln lassen. Vom Herd nehmen und 5 Minuten abgedeckt ziehen lassen, bis das Wasser vollständig aufgesogen ist.
2. Paprikaschote waschen und entkernen. Karotten und Gurke waschen und zusammen mit der Paprikaschote in kleine Würfel schneiden. Frühlingszwiebeln waschen, putzen und in dünne Ringe schneiden. Petersilie oder Löwenzahn waschen, trocken schütteln und fein hacken. Knoblauch schälen und fein schneiden.
3. Alle vorbereiteten Zutaten unter die Quinoa heben und gut vermengen. Salz, Pfeffer, Kreuzkümmel, Öl, Essig und Zitronensaft dazugeben und alles gut durchmischen. Chicorée in einzelne Blätter teilen, den harten Strunk entfernen. Die Blätter waschen und trocken schütteln. Zum Anrichten den Quinoasalat in die Chicoréeblätter füllen.

Dieses Quinoa-Taboulé kann auch lauwarm gegessen werden oder als Beilage am nächsten Tag leicht aufgewärmt zum Einsatz kommen. Das ist auch eine tolle Möglichkeit, den Salat in der Mittagspause unterwegs zu essen. Man kann den Salat auch direkt mit den Chicoréeblättern aus einer Schüssel löffeln.

Trinken ist ERNÄHRUNG!

Wenn wir richtig trinken, haben wir nicht so oft Hunger. Hier kommen ein paar einfache Rezepte für gesunde Getränke: der Schlüssel für schöne Haut, eine gute Figur, mehr Fitness und geistige Leistungsfähigkeit. Hier helfe ich Ihnen auf Ihre Menge an Flüssigkeit am Tag zu kommen, ohne auf fertige Limonaden, Apfelsaftschorlen und Co. zurückgreifen zu müssen. Diese vier wunderbaren, erfrischenden Getränkideen sind schnell zubereitet und haben einen enormen Mehrwert. Sie enthalten Ballaststoffe, Mineralstoffe und viele Vitamine.
Na dann Prost!

Wassermelonenlimonade

Es könnte nicht einfacher sein, gutes Quellwasser mit Wassermelonenstücken versüßt Ihnen den Tag. Wassermelonen werden hierzulande als Obst gehandelt. Sie gehören aber botanisch gesehen zu den Kürbisgewächsen. Die Wassermelone ist also eigentlich ein Gemüse.

ZUTATEN
für 2 l:

½ Wassermelone
1–2 Basilikumstiele
2 l gutes Quellwasser oder gefiltertes Wasser ohne Kohlensäure

1 großer Krug

1. Höhlen Sie die Wassermelone mit einem Esslöffel aus und füllen Sie die Wassermelonenstücke in einen Krug.
2. Füllen Sie den Krug mit dem Wasser auf und lassen Sie Ihre natürliche Limonade etwas ziehen.
3. Es empfiehlt sich, einen Glaskrug zu verwenden, denn so sehen Sie das Melonenwasser und vergessen nicht, den Tag über genug zu trinken.

Stoffwechsel-Limonade
Wassermelonenlimonade

Die süss-saure Stoffwechsel-Limonade

Das Rezept für Tee oder Limonade! Mit nur vier Zutaten haben Sie ganz schnell ein megagesundes Getränk. Die Limo stärkt das Immunsystem und kurbelt den Stoffwechsel an. Dieser Grundsaft kann warm oder kalt getrunken werden. Eine weitere positive Nebenwirkung: Ingwer hilft zum Beispiel bei Reiseübelkeit. Wenn es also mal flau im Magen ist, dann kann diese Limonade/dieser Tee helfen. Der Ahornsirup mit dem Grad C enthält viele Antioxidantien und wenig Zucker.

ZUTATEN

für den Grundsaft (150 ml):

50 g Bio-Ingwer
2–3 Bio-Zitronen (je nach Größe)
100–150 ml hochwertiges Quellwasser ohne Kohlensäure

AUSSERDEM:

50–100 ml Ahornsirup (Grad C) oder Agavendicksaft
Eiswürfel
1 l hochwertiges Quellwasser ohne Kohlensäure
1 Krug

1. Ingwer nach Belieben schälen. Bei älterem Ingwer ist es empfehlenswert, ihn zu schälen. Ingwer in grobe Stücke schneiden und in den Mixer geben. 1 Zitrone auspressen und den Saft in den Mixer geben. Die zweite Zitrone schälen und ganz in den Mixer hineingeben. Das Wasser zugießen und mixen. Der Grundsaft ist jetzt als Konzentrat fertig.
2. Für die Limonade Eiswürfel in einen Krug geben und Ahornsirup einfüllen. Den Grundsaft durch ein Sieb dazugeben und mit dem Quellwasser auffüllen, umrühren und servieren.

Der Grundsaft kann auch als Tee getrunken werden. Dafür 40 ml in eine Tasse geben und mit warmem Wasser (nicht kochend) aufgießen.

Schnelle Himbeer-Limonade

Diese Limonade sieht nicht nur unglaublich schön aus, sie schmeckt auch besser als jede gekaufte.

ZUTATEN
für ca. 1 l:

- 1 l qualitativ hochwertiges Quellwasser ohne Kohlensäure
- 1 Handvoll Himbeeren (TK)
- 1–2 Stiele Minze

Das Wasser in den Krug füllen, die Himbeeren dazugeben, die Minzstiele kurz anklopfen und dazugeben. Fertig ist die frische, schnelle Limonade.

Himbeer-Limonade
Fitness-Limonade

Die Fitness-Limonade

Diese Limonade kurbelt Ihren Kreislauf an, entgiftet den Körper, stärkt das Immunsystem und spendet viel Feuchtigkeit. Die Gurke enthält Vitamin K (das ist gut für die Knochendichte) und Vitamine der B-Gruppe. Außerdem enthält sie ebenfalls Silizium, welches auch als Kieselsäure bekannt ist und unser Bindegewebe und den Hautstoffwechsel unterstützt. Aber auch Vitamin C und Mineralstoffe wie Kalium und Eisen sind darin enthalten. In Kombination mit den anderen Obstsorten und Gemüse bietet sie einen tollen frischen Geschmack. Der Rosmarin und seine ätherischen Öle wirken belebend und helfen, über Erschöpfungszustände hinwegzukommen. Ingwer und Kurkuma wirken gegen Pilze, Viren, Bakterien und Parasiten.

ZUTATEN
für 2 l:

½ Bio-Gurke
½ Bio-Zitrone
½ Bio-Orange
1 Stiel Rosmarin (Bio-Qualität)
1 Stiel Minze (Bio-Qualität)
2–3 Scheiben Bio-Ingwer
2–3 Scheiben Kurkuma (Bio-Qualität)
2 l qualitativ hochwertiges Quellwasser oder gefiltertes Wasser ohne Kohlensäure

1 großer Krug (am besten aus Glas)

1. Die Gurke, Zitrone und Orange gründlich waschen und in Scheiben schneiden, den Rosmarin- und Minzstiel etwas anklopfen, damit die ätherischen Öle freigesetzt werden. Ingwer und Kurkuma nach Belieben schälen und in sehr feine Scheiben schneiden, damit mehr Inhaltsstoffe austreten können.
2. Alles in einen Krug geben und mit dem Wasser übergießen. Die Fitness-Limo etwa 30 Minuten ziehen lassen, bevor Sie das erste Glas trinken. Mit diesem Krug auf Ihrem Schreibtisch können Sie das Trinken über den Tag nicht vergessen. Schon nach ein paar Tagen werden Sie merken, wie gut es Ihnen tut.

REZEPTREGISTER

ZUTATENREGISTER

BILDNACHWEIS

Stephanie Just:
S. 5-7, 37, 59-60, 63-64, 73, 77-78, 81, 93-94, 99-100, 109-110, 115- 116, 118, 121-122, 125-126, 129-130, 135-136, 139, 141-142, 145-146, 149-150, 153-154, 161-162, 165

Martin Nink:
S. 8, 10-11, 18, 38, 56, 67, 69, 90, 97, 102-103, 107, 112, 132, 156, 166

Shutterstock.com:
S. 89: Carey Jaman; S. 158: Oxana Denezhkina

Grafiken S. 26 und 71:
Shutterstock.com/mything, Marnikus, Ilya Bolotov, Inspiring, Nadya_Art, nexusby, K N, ProStockStudio, YummyBuum, greenpic.studio, graficriver_icons_logo, mouze_art, Yeliena Brovko, Ardea-studio, Grim_look, uiliaaa, Sylfida, Tatiana Stulbo, Andrii Bezvershenko, Vector Tradition, Iryna Shek, yuwnis07, Iconic Bestiary